2022 개정 수학 교과 대비

쌍둥이 건물 속 **대칭축**을 찾아라

실생활 속 숨어 있는 수학의 재발견 ❶
쌍둥이 건물 속 대칭축을 찾아라 (개정판)

2판 2쇄 발행 2024년 3월 26일

글쓴이	여승현
그린이	유지
펴낸이	이경민
펴낸곳	㈜동아엠앤비
출판등록	2014년 3월 28일(제25100-2014-000025호)
주소	(03972) 서울특별시 마포구 월드컵북로 22길 21, 2층
전화	(편집) 02-392-6901 (마케팅) 02-392-6900
팩스	02-392-6902
전자우편	damnb0401@naver.com
SNS	

ISBN 979-11-6363-773-8 (74410)
    979-11-6363-772-1(세트)

1. 책 가격은 뒤표지에 있습니다.
2. 잘못된 책은 구입하신 곳에서 바꿔 드립니다.

도서출판 뭉치는 ㈜동아엠앤비의 어린이 출판 브랜드로, 아이들의 지식을 단단하게 만들어 주고, 아이들의 창의력과 사고력을 키워 주어 우리 자녀들이 융합형 창의 사고 뭉치로 성장할 수 있도록 좋은 책을 만들겠습니다.

실생활 속 숨어 있는 수학의 재발견 ① • 건축 •

2022 개정
수학 교과 대비

쌍둥이 건물 속
대칭축을 찾아라

들이와 무게 • 각도 • 다각형의 둘레와 넓이
합동과 대칭 • 다양한 모양의 도형

글 여승현 • 그림 유지

뭉치
MoongChi Books

추천의 글

　수학은 생활 속 어디에나 존재합니다. 우리는 일상 속에서 다양한 숫자 표현과 함께 살아가고 있습니다. 생활과 밀접하게 맞닿아 있는 수학이지만 많은 사람은 특별한 기호와 수식 때문에 수학을 어렵다고 느낍니다. 기계적인 문제 풀이 위주로 수학을 암기하듯 공부한 탓도 크지요.

　격변하는 시대와 상관없이 늘 수학을 잘하는 학생들이 있습니다. 그들은 교육과정이 어떻게 바뀌더라도 수학을 잘합니다. 이러한 아이로 키우기 위해서는 어떻게 해야 할까요? 앞서 말한 문제 풀이 위주의 암기식 수학에서 벗어나야 합니다. 개념을 확실히 이해했는지 알기 위해서 우리는 보통 문제를 풉니다. 그러나 많은 학생이 개념보다 문제 풀이를 외웁니다. 당장 한 문제는 더 풀 수 있을지는 몰라도, 이렇게 암기하는 방식은 수학을 재미없게 하고 어렵게 하여 결국은 수학을 포기하게 합니다.

　개념이 자기 것이 되면 어떠한 수학 문제도 어렵지 않고 재미있게 풀 수 있습니다. 개념을 익히는 과정이 실생활과 연관된다면 더욱 쉬워지겠죠?

　〈실생활 속 숨어 있는 수학의 재발견〉 시리즈는 교통, 스포츠, 음식과 패션, 자연, 건축과 같은 실생활 이야기를 주제로 삼아 수학과 융합하여 실질적인 개념을 잡아 주고 수학에서 가장 중요한 사고력을 길러 줍니다. 주인공을 따라 생활 속에 숨어 있는 수학을 찾아내며 여행하다 보면 어느덧 여러 가지 호기심이 생기고, 멋진 것을 자유롭게 상상하게 하여 논리적 사고력과 창의적 문제 해결력이 자라게 될 것입니다.

　〈실생활 속 숨어 있는 수학의 재발견〉 시리즈가 어떠한 수학 교육 패러다임의 변화에도 자녀와 학부모가 즐겁게 소통할 수 있는 가교 역할을 하기를 기대하면서 이 책을 추천합니다.

신현용
한국교원대학교 수학교육과 명예교수
ICME-12(제12차 국제수학교육대회) 조직위원장

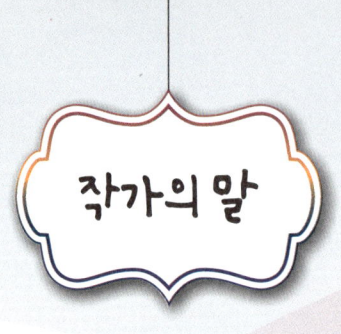

작가의 말

"선생님, 수학은 왜 배워요?"

학교에서 수학을 공부하다 보면 누구나 마음속으로 이런 질문을 한 번쯤 하게 돼요. 이 책에 등장하는 건축 나라의 가우디도 마찬가지였어요. 아름답고 멋진 건축물만 좋아할 뿐 건축물에서 수학이 얼마나 중요한지 생각해 본 적이 없었지요.

하지만 여러분에게 다음과 같이 물어보고 싶어요.

"세상에 수학이 들어가지 않은 건축물이 어디 있을까요?"

아주 작은 건축물이라도 설계에서부터 완성까지 수학적 기초 없이는 한 단계도 나아갈 수 없답니다. 가우디도 무지개 돌멩이를 찾기 위한 현기와의 모험을 통해서 수학이 건축물 속에서 어떻게 적용되고 활용되는지에 대해 조금씩 깨닫게 된답니다. 우리나라를 포함한 아시아, 유럽, 그리고 아메리카 대륙의 유명한 건축물에 마법 팔찌로 공간 이동을 하면서 건축 나라 왕의 미션을 해결하기 위해 가우디는 신비한 여행을 떠나게 됩니다. 사실 이 책의 주인공인 건축 나라의 왕자 가우디의 이름은 건축에서 수학의 중요성을 강조한 스페인의 유명한 건축가 안토니오 가우디

(Antonio Gaudi, 1852~1926)에서 따왔어요. 가우디 왕자와 현기 둘이서 해결해 나가는 큰 수, 무게 단위, 삼각형, 대칭, 원, 다각형 등에 대한 문제는 일상생활 속이나 학교에서 들어 본 내용일 거예요. 다양한 수학 문제를 해결하는 과정을 통해 가우디와 함께 여러분도 건축물 속에 숨어 있는 수학 원리를 찾아보세요.

 지금 여러분은 어디에서 책을 읽고 있나요? 도서관? 교실…… 아니면 집인가요? 주변을 둘러보세요. 우리 주변의 건축물에는 어떤 수학이 숨어 있을까요? 이 책이 단순히 한 편의 수학동화를 넘어서서, 평소에는 인식하지 못했지만 나만이 가진 수학의 눈으로 세상을 바라보는 힘을 길러 주는 계기가 됐으면 좋겠습니다. 그렇게 되면 제가 처음에 드렸던 질문 '수학을 왜 배워야 할까요?'에도 자신 있게 답하며 새로운 관점으로 세상을 볼 수 있게 될 거예요.

실생활과 수학을 연결하는 마법 같은 책

　2015 개정 교육과정부터 창의융합형 인재를 양성하기 위해 핵심역량이 소개되고 반영되었습니다. 2015 수학과 교육과정에서 강조하고 있는 '창의·융합'은 타 교과나 실생활의 지식을 수학과 연결하여 새로운 문제를 해결하는 능력으로서 특히 수학 과목의 경우에는 여섯 가지 수학 교과 역량(문제 해결, 추론, 창의·융합, 의사소통, 정보 처리, 태도 및 실천)으로 제시되어 있습니다. 그중 '태도 및 실천'은 '수학의 가치를 인식하고 자주적 수학 학습 태도와 민주 시민 의식을 갖추어 실천하는 능력'입니다.

　그런데 2022 개정 교육과정에서는 6개였던 교과 역량이 5개로 통합되었습니다. 태도 및 실천, 창의/융합 역량이 '연결' 역량으로 통합된 것입니다. 즉 문제해결, 추론, 의사소통, 정보처리, 연결 능력입니다.

　영역이나 학년군 내용 간에 관련된 수학의 개념, 원리, 법칙 등을 유기적으로 연계하여 새로운 지식을 생성하면서 창의성을 기르게 하고, 수학과 실생활, 사회 및 자연 현상, 타 교과의 내용을 연계하는 과제를 활용하여 수학의 유용성을 인식하도록 태도 및 실천과 창의 융합이 '연결'로 통합된 듯합니다.

　〈실생활 속 숨어 있는 수학의 재발견〉 시리즈는 바로 이런 능력을 집중적으로 키워 줍니다. 우리는 수 없이는 살 수 없는 세상에서 실생활과 수학이 얼마나 깊은 관계를 맺고 있는지를 느끼는 것이 중요합니다. 특히 지루하고 고리타

분한 주제에서 벗어나 생활 속에서 실질적으로 유용하게 받아들일 수 있는 정보를 수학과 융합했다는 것이 이 시리즈의 가장 큰 장점입니다.

　이 시리즈에서는 여러분 또래가 주인공인 흥미진진한 이야기가 펼쳐집니다. 주인공을 따라 여러 에피소드를 겪는 과정에서 자칫 지루하거나 어렵게 느껴졌던 수학이 술술 읽히는 것을 발견하게 될 것입니다.

　표지판을 통하여 수의 범위를 알아보고 부산 광안대교로부터 평행을 공부하는 '교통', 롯데월드타워와 큐브 하우스 등 독특한 건축물에서 수학을 이끌어 내는 '건축', 토너먼트와 리그전의 원리를 수학으로 풀어내는 '스포츠', 어른 옷과 아이 옷의 치수가 다른 이유를 수학적으로 알아보는 '음식과 패션', 날짜 변경선으로 시간의 덧셈과 뺄셈을 공부하는 '자연' 등 수학과 융합된 생활 속 이야기들이 정말 신선하고 다채롭지 않나요?

　실생활 속 수학이 다양한 방법으로 융합될 수 있다는 것을 깨닫는 과정을 통해 수학적 문제 해결력이 늘어나게 되겠죠. 여러분도 이 시리즈를 통해 생활 곳곳에 숨어 있는 수학적 문제를 발견하는 습관을 갖고, 이를 해결하는 과정 속에서 2022 개정 교과과정에서 필요한 수학적 역량을 키울 수 있을 것입니다.

편집부

등장인물 소개

현기
초등학교 4학년 남학생이에요.
우연히 만난 가우디를 도와 건축물과
관련된 수학 문제를 해결해요.

가우디
건축 나라의 왕자예요. 건축물의
화려하고 멋진 외관만을 좋아했지만
현기와의 모험을 통해 건축 속 수학의
원리를 점점 깨닫게 돼요.

건축 나라 왕
가우디의 아버지예요.
가우디에게 지구 건축물에 담긴
수학에 대한 미션을 내 줘요.

붉은 드레스의 여인

건축 나라에서 온 아시아 건축물 연구자예요. 가우디와 현기에게 싱가포르와 말레이시아 건축물을 소개해요.

신사복 아저씨

건축 나라 출신으로 유럽 건축물을 연구해요. 영국과 네덜란드의 특별한 건축물을 소개해요.

카우보이 형

현기와 가우디에게 미국 건축물에 관한 문제를 내요. 보석을 노리는 정체 모를 인물이에요.

차례

추천의 글 · 4
작가의 말 · 6
실생활과 수학을 연결하는 마법 같은 책 · 8
등장인물 소개 · 10

이야기 하나 롯데월드타워에서 만난 신비한 소년 · 14
📖 들이와 무게 / 큰 수

이야기 둘 싱가포르의 마리나 베이 샌즈 호텔 · 34
📖 각도

 **이야기 셋** 말레이시아의 페트로나스 트윈 타워 · **50**
　　📖 합동과 대칭

 **이야기 넷** 영국의 런던 아이 · **68**
　　📖 원 / 삼각형 / 다각형의 둘레와 넓이

 **이야기 다섯** 네덜란드의 큐브 하우스 · **84**
　　📖 사각형

이야기 여섯 미국의 허스트 타워 · **98**
　　📖 삼각형 / 다각형

롯데월드타워에서 만난 신비한 소년

들이와 무게 / 큰 수

건축 나라 왕자의 큰 수 읽기

현기가 그토록 기다리던 토요일 아침이 되었어요.

"엄마, 아빠! 일어나세요."

이른 아침부터 현기는 분주하게 부모님을 깨웠어요. 오늘은 바로 우리나라에서 가장 높은 건물인 롯데월드타워에 가기로 한 날이거든요.

'수족관부터 갈까? 아냐, 아냐. 전망대부터 가야지!'

현기는 차 안에서도 설레는 마음으로 시간 가는 줄 몰랐어요. 롯데월드타워에 도착하자마자 118층에 있는 전망대로 올라간 현기와 부모님은 한눈에 들어오는 서울의 모습에 감탄이 절로 나왔어요.

"와! 엄마, 저기엔 서울 타워도 보여요!"

높고 커다란 건물들도 위에서 내려다보니 블록 장난감처럼 작아 보였어요. 한강 주변에도 개미같이 작은 자동차와 사람들이 지나다니고 있었지요.

다들 즐거운 와중에 모퉁이에서 유독 슬픈 눈으로 한강을 바라보고 있는 한 소년이 현기의 눈에 들어왔어요. 그 소년은 수첩에 숫자를 적다가 지우고 또 적다가 지우고 있었어요.

'무슨 일일까?'

학교에서도 항상 앞장서서 친구를 도와주는 현기가 이번에도 그냥 넘어갈 리 없었어요.

"저기, 안녕? 나는 현기라고 해. 여기 혼자 왔어?"

소년은 말없이 고개를 끄덕였어요.

"계속 뭔가 적고 있는 것 같던데……. 뭔지 물어봐도 돼?"

"수학 문제를 풀고 있었어."

"뭐? 롯데월드타워에서 수학 문제를 풀고 있는 사람은 세상에 너뿐일 거야."

현기는 웃으며 말했지만 소년은 점점 표정이 어두워졌어요.

"그런데 왜 문제를 풀고 있는 거야?"

소년은 자신을 알아봐 준 현기에게 조금씩 마음을 열며 여기까지 어떻게 오게 됐는지 차근차근 설명했어요.

"사실은 말이야, 나는 건축 나라의 왕자 가우디라고 해."

가우디는 건축 나라의 왕자인데, 수학에는 관심이 없고 건축물의 예쁜 겉모습에만 관심이 있었어요. 건축 나라의 왕, 그러니까 가우디의 아버지는 건축물의 멋진 외관뿐 아니라 그 속에 담긴 수학이 얼마나 중요한지 알아보는 미션을 가우디에게 내렸어요. 그 미션은 바로 건축물에 숨어 있는 수학 문제를 풀어서 7개의 보석을 모으는 것이었어요. 아버지가 낸 문제를 풀지 못하면 가우디는 건축 나라로 돌아갈 수 없다고 했어요.

"뭐라고? 건축 나라라고? 처음 들어 보는 곳인데……. 지구에 있는 나라 맞아?"

"아니, 우리 건축 나라는 지구에서 멀리 떨어진 별에 있어. 지구 우주선으로는 아마 백 년 넘게 걸릴 거야."

"뭐? 백 년이나 걸린다고?"

현기는 믿을 수 없는 이야기에 눈만 깜빡거렸어요.

"놀라지 마, 현기야. 우리 건축 나라에서는 공간을 이동할 수 있는 이 마법 팔찌가 있어서 이 별에서 저 별로 쉽게 돌아다닐 수 있거든."

처음에는 너무 놀라웠지만 현기는 가우디와 이야기를 나눌수록 더욱 흥미가 생겼어요.

"그래서 지금 수학 문제를 풀고 있다는 거지? 내가 도와줄까?"

"진짜? 고마워, 현기야!"

"그럼 지금 첫 번째 문제를 풀고 있는 거야? 어떤 문제인지 보여 줘."

"잠깐, 여기는 사람들이 너무 많으니까 저쪽에 빈방으로 가자."

현기는 가우디를 따라 전망대 한쪽 끝에 있는 작은 방으로 들어갔어요. 가우디가 마법 팔찌 가운데에 있는 버튼을 누르자 누군가가 홀로그램으로 나타났어요.

"가우디, 왜 불러냈느냐?"

"저를 도와줄 친구를 찾았어요."

"안녕하세요. 저는 현기예요."

"현기? 그래……. 가우디를 도와준다고? 아마 고생 좀 하게 될 것이다."

홀로그램으로 나타난 사람은 바로 건축 나라 왕이었어요.

"첫 번째 문제를 다시 알려 주겠다. 다음 세 수를 각각 읽어 보아라."

건축 나라 왕이 사라지면서 홀로그램에 가우디가 읽어야 할 세 수만 남았어요.

가우디는 첫 번째 수 750000을 쉽게 '칠십오만'이라고 읽을 수 있었어요.

"여기까지는 나도 자신 있게 읽을 수 있어."

문제는 그 다음 수부터였어요.

"일, 십, 백, 천, 만, 십만……."

가우디는 십만보다 큰 자릿수가 나오자 어떻게 읽어야 할지 난감해 했어요.

> **자릿수**
> 일, 십, 백, 천과 같은 수의 자리를 말해요.

현기는 가우디의 마음을 알겠다는 듯이 빙긋 미소를 지었지요.

"두 번째 수는 칠억……."

어떻게 된 일일까요? 자릿값부터 하나씩 세던 왕자와는 다르게 현기는 바로 가장 큰 자릿수부터 읽기 시작했어요.

"그럼 칠억 오천만이야?"

가우디는 믿을 수 없다는 듯이 되물었어요.

"그래, 맞아. 칠억 오천만이지."

"어떻게 첫 번째 자릿수가 '억'인지 바로 알았어?"

"나도 예전에는 너처럼 '일, 십, 백, 천……' 이런 식으로 자릿수를 하나씩 읽어서 가장 큰 자릿수를 찾은 뒤에야 큰 수를 완전히 읽을 수 있었어. 그렇지만 수를 읽는 정말 쉬운 방법을 학교에서 배워서 이제는 큰 수를 빨리 읽을 수 있어."

가우디는 그 비법이 무엇인지 너무 궁금했어요. 현기는 이어서 설명했어요.

"일단 일의 자리부터 네 자리씩 끊어 줘. 그 다음 뒤에서부터 '일, 만, 억, 조'라고 단위를 표시해서 앞에서부터 읽으면 돼. 이 표를 보면 쉽게 이해될 거야."

천	백	십	일	천	백	십	일	천	백	십	일	천	백	십	일
			조				억				만				일

"아, 네 자리마다 '일, 십, 백, 천'이 반복되는구나! 그럼 이 방법으로 두 번째 수 750000000을 어떻게 읽어?"

"먼저 뒤에서부터 네 자리가 두 번 나오니까 7은 바로 억의 자리 숫자가 돼. 그리고 5는 억보다는 한 자리 아래인 천만의 자리니까 '칠억 오천만'이 되는 거지."

7	5	0	0	0	0	0	0	0
일	천	백	십	일	천	백	십	일
억				만				일

가우디는 현기가 가르쳐 준 대로 종이에 세 번째 수 750000000000을 쓴 다음 네 자리씩 끊었어요.

"그럼 이 수는 칠천오백억? 이렇게 쉬울 리가 없는데……?"

현기는 가우디가 기존에 읽던 방법으로 일부터 자릿수를 소리 내 읽었어요.

"일, 십, 백, 천, 만, 십만, 백만, 천만, 억, 십억, 백억, 천억!"

"맞아, 원래 그렇게 읽어 보려고 했어. 하지만 이젠 더 이상 큰 수를 읽을 때 일일이 자릿수를 따지지 않을 거야! 네 덕분에 훨씬 쉬운 방법을 알았으니까."

가우디는 마법 팔찌의 가운데 버튼을 누르고 정답을 말했어요.

"칠십오만, 칠억 오천만, 그리고 칠천오백억이에요!"

롯데월드타워의 무게 단위를 찾아라

가우디가 팔찌 버튼을 누르고 정답을 말하자 건축 나라 왕이 다시 홀로그램으로 나타났어요.

"우리 왕자가 이제 큰 수 읽는 방법을 터득했구나. 방금 네가 읽은 세 수는 모두 롯데월드타워의 무게를 나타낸단다."

건축 나라의 왕은 가우디가 대견한 듯 칭찬하며 말했어요.

"네? 세 수의 자릿수가 모두 다른데 어떻게 모두 롯데월드타워의 무게를 나타낼 수 있어요? 롯데월드타워는 세계에서 하나밖에 없는걸요."

현기와 가우디는 깜짝 놀라 다시 물었어요.

"세 수 모두 다르게 생겼지만 알맞은 무게 단위를 붙이면 모두 롯데월드타워의 무게가 된단다. 자, 이제 아버지가 낸 첫 번째 문제를 잘 마무리해 보렴."

건축 나라의 왕은 다시 사라졌어요. 이번에는 현기도 알쏭달쏭했지요.

"지금까지 배운 무게 단위가 뭐였더라?"

"나는 kg(킬로그램)은 들어 본 적이 있어. 그리고 세 수가 있으니까 무게 단위도 세 가지가 필요한 것이 아닐까?"

가우디는 이제 겨우 큰 수를 읽을 수 있게 되었는데 무게 단위를 연결해서 생각하는 것은 또 다른 문제를 해결하는 것처럼 느껴졌어요.

"아! 그래, 기억났어! 킬로그램보다 작은 단위와 큰 단위가 있었던 것 같아. 바로 g(그램)과 t(톤)! 그러니까 1kg은 1000g과 같고, 1000kg은 1t과 같아."

현기는 종이에 다음과 같이 무게 단위 사이의 관계를 적어서 가우디에게 보여 줬어요.

$$1kg = 1000g, \ 1t = 1000kg = 1000000g$$

"그러면 세 무게 단위 중에서 가장 작은 것은 g, 그 다음으로 큰 것은 kg, 가장 큰 단위는 t이라는 것이군. 그렇다면 세 수에 각각의 단위를 붙이면 모두 같은 무게를 나타내게 되지 않을까?"

75만t(톤) = 7억 5천만kg(킬로그램) = 7500억g(그램)

가우디는 마법 팔찌의 버튼을 누르고 자신 있게 답을 얘기했어요. 다시 나타난 왕은 기뻐하며 첫 번째 문제를 푼 가우디와 현기를 축하해 줬어요.

"놀랍구나, 가우디. 이 문제를 맞히다니! 사실 75만t의 무게는 서울 시민 전체 인구의 무게와 비슷하단다."

"어떻게요?"

두 친구 모두 입을 모아 질문했어요.

"성인 한 사람의 몸무게가 75kg이라 보고 서울 시민 수를 약 1000만 명이라고 생각하면 7억 5천만kg, 즉 75만t이 되는 것이란다."

현기는 롯데월드타워에 이러한 수학적 사실이 숨어 있다는 것이 매우 놀라웠어요.

한 걸음 더

롯데월드타워의 면적

롯데월드타워

한국적인 곡선의 미를 살린 롯데월드타워는 세계에서 다섯 번째로 높은 건물이에요. 지하 6층, 지상 123층, 555m의 높이로 2016년 12월에 만들어졌어요. 그럼 이 건물의 면적, 즉 넓이는 얼마나 될까요? 지상 123층까지의 건물 전체 면적은 805872m^2예요. 이 면적은 축구장의 약 112배에 달하는 크기지요. 축구 경기장은 보통 가로가 105m, 세로가 68m로 면적은 7140m^2예요. 롯데월드타워의 1층만 해도 축구장 12개에 달하는 크기라고 해요.

만약 롯데월드타워의 면적을 cm^2로 나타내면 어떻게 될까요? 1m^2는 10000cm^2이므로 롯데월드타워의 면적은 8058720000cm^2나 되는 것이랍니다.

"가우디, 소중한 친구와 함께하며 수학에 조금 더 흥미를 갖게 된 것 같구나. 물론 이제 시작이지만 아주 잘해 주었단다. 이 보석을 받거라."

건축 나라의 왕은 루비처럼 붉은 빛깔의 보석을 가우디에게 건네줬어요.

"앞으로 남은 문제들을 해결하면 여섯 가지 색의 보석을 더 모으게 될 거야. 그렇게 보석 7개를 모두 모아 무지개 돌멩이를 만들면 다시 건축 나라로 올 수 있단다. 현기야, 가우디를 잘 부탁한다. 마법 거울을 통해 너희들을 지켜보고 있으마."

왕이 사라지는 동시에 "번쩍" 하면서 빨간색 보석이 마법 팔찌에 박혔어요.

"현기야, 오늘 고마웠어. 너 없이는 문제를 못 풀었을 거야."
가우디는 현기에게 진심으로 고마움을 전했어요.
"그런데 나머지 문제는 어디에서 찾아야 하지?"
그때, 마법 팔찌가 빛을 내며 다섯 가지 빌딩을 보여 줬어요.

"도대체 이 많은 건물을 어떻게 찾아가란 말이야?"

가우디는 볼멘소리를 했어요. 그런데 현기가 팔찌에서 나타난 빌딩들을 보자 소스라치듯 놀라며 말했어요.

"이럴 수가! 나 이 건물들 본 적 있는 것 같아. 우리 집 근처 건축 박물관에서 봤어."

"정말? 현기야, 너를 지구에서 만난 건 정말 행운이구나!"

"맞아. 그럼 내일 나랑 그 건축 박물관에 가 보자."

"그래! 거기에 가면 실마리가 풀릴 것 같아."

현기와 가우디는 다음 날 박물관에서 만날 것을 약속하고 헤어졌어요.

집으로 돌아오는 길에 현기는 오늘 겪은 일이 꿈만 같다고 생각했어요. 건축 나라의 왕자 가우디를 만났을 뿐만 아니라 자신이 수학 시간에 배웠던 것이 왕자에게 도움이 됐고, 롯데월드타워에 관한 신비한 사실도 알게 됐으니까요.

1. 다음은 뉴스 기자가 읽어야 할 기사 원고예요. 여러분도 뉴스 기자가 되어 다음 큰 수들을 읽어 보세요.

2주년이 된 롯데월드타워

세계에서 다섯 번째로 높은 555m 높이의 롯데월드타워가 2019년 올해로 2주년이 되었습니다. 롯데월드타워는 2017년에 개장한 이후로 100일 만에 방문객이 <u>10000000</u>명을 넘어섰습니다. 관람객의 수는 지속적으로 늘어나 2018년 롯데월드몰과 롯데월드타워에 <u>47000000</u>명이 다녀갔습니다. 현재까지 누적 방문객은 <u>150000000</u>명을 돌파하였습니다.

억	만				일			읽기
일	천	백	십	일	천	백	십	일	
	1	0	0	0	0	0	0	0	
	4	7	0	0	0	0	0	0	
1	5	0	0	0	0	0	0	0	

정답 : 천만, 사천칠백만, 일억 오천만

수학 읽기

축척

축척이란 실제 거리를 지도상에 나타내기 위해 일정하게 줄인 비율을 말해요. 지표면의 상태를 지도에 표기하기 위해 사용하지요.

실제로는 넓은 면적의 다양한 내용을 일정한 크기의 지도 한 장으로 표시할 수 있는 것은 축척을 이용하기 때문이에요. 엄청나게 넓은 면적을 작은 지도에 옮겨 놓으려면 굉장히 많이 축소해야겠지요?

예를 들어 어떤 지도의 축척이 1:50000이라는 것은 실제 거리 50000cm를 지도상에서는 1cm로 줄여서 표현했다는 것을 뜻해요.

축척은 대축척과 소축척으로 나눌 수 있어요. 이것은 상대적인 개념으로 좁은 지역을 자세하게 표현했으면 대축척 지도, 넓은 지역을 간략하게 표현했으면 소축척 지도라고 해요.

대축척 지도는 어떤 지역을 답사하면서 자세한 정보가 필요할 때 활용하고, 소축척 지도는 전체적인 윤곽이나 흐름, 이동 경로 등을 파악할 때 사용하면 편리해요. 축척에 따라 우리 주변 동네 지도에서 우리나라 전체 지도는 물론 세계 지도까지 만들 수 있어요.

축척을 구할 때에는 비례식을 이용할 수 있어요. 예를 들어 지도의 축척이 1:250000이고 어느 두 지점 사이의 거리가 2cm일 때 실제 거리를 구해 볼까요? 비례식에서 내항과 외항의 곱이 같다는 성질을 이용해 식을 세우면 다음과 같아요.

$$1:250000 = 2:\square$$
$$\square = 500000$$

따라서 2cm일 때 실제 거리는 500000cm, 즉 5km라는 걸 알 수 있죠. 축척을 지도에 표현하는 방법에는 비례식, 분수식, 축척자식(줄인자식)이 있답니다.

이야기 2 둘

싱가포르의 마리나 베이 샌즈 호텔

📖 각도

마리나 베이 샌즈 호텔 속의 삼각형

일요일 아침, 현기는 일어나자마자 집 근처에 있는 건축 박물관으로 갔어요. 박물관 앞에서 가우디가 현기를 반갑게 맞았어요.

"먼저 와 있었구나. 이곳이 바로 전 세계 건축물을 한곳에 모아 둔 건축 박물관이야."

"와, 엄청 넓다!"

입구에 들어서자 피라미드 같은 유명한 고대 건축물에서부터 엠파이어 스테이트 빌딩 같은 현대 고층 건물까지 다양한 모형이 전시돼 있었어요. 1층은 아시아관, 2층은 유럽관, 그리고 마지막 3층은 아메리카관이었지요. 현기와 가우디는 이 넓은 박물관에서 어디로 가야 나머지 보석을 찾을 수 있을지 막막했어요.

"그럼 우리 아시아관부터 가 보는 건 어떨까?"

현기의 말을 따라 둘은 먼저 가까운 1층부터 가 보기로 했어요. 아시아관은 한국, 일본, 중국, 인도 등 여러 나라 건물의 모형으로 가득 차 있었어요. 팔찌에서 본 건물들을 찾기 위해 이곳저곳을 다니며 단서를 찾아봤지만 쉽지 않았어요.

"어제 본 건축물들은 어디로 가야 찾을 수 있을까?"

가우디가 현기에게 물었어요. 하지만 현기도 예전에 박물관에 왔던 기억만 어렴풋이 날 뿐, 정확한 도시나 위치는 알지 못했어요. 그때 저 멀리서 붉은색 드레스를 입은 한 여인이 가우디와 현기에게 다가왔어요.

"네가 가우디와 현기구나. 나를 따라오렴."

여인은 처음 본 두 사람의 이름을 이미 알고 있었어요.

"어떻게 우리 이름을……?"

"놀라지 마렴. 나도 건축 나라에서 왔단다. 지구의 대륙 중 아시아에 있는 건축물을 조사하는 연구원이지. 건축 나라 왕께서 너희가 건축물을 찾도록 도와주라고 하셨어."

왕은 둘이 박물관에 올 것을 미리 알고 도와줄 사람들을 보내 두었던 거예요.

"감사해요. 안 그래도 건축물을 어떻게 찾아야 할지 막막했는데……. 그런데 입고 계신 옷은 어느 나라 옷인가요?"

현기는 처음 본 전통 의상이 신기해서 여인에게 물었어요.

"이 옷은 싱가포르의 전통 의상 '바틱'이란다. 우선 나와 함께 싱가포르 건축물을 보러 가지 않을래?"

둘은 여인을 따라 세 빌딩 위에 배가 올려져 있는 어느 건축물 앞으로 갔어요.

"이 건물은 '마리나 베이 샌즈 호텔'이란다. 바로 내가 입고 있는 전통 의상의 나라인 싱가포르에 있어."

"아, 팔찌에서 봤던 건물 중 하나구나! 그런데 어떻게 건물 위에 배가 올라가 있어요?"

"저 부분은 스카이 파크라고 불러. 배처럼 생겼지만 사실 지붕이기도 해. 여기에는 식당과 쇼핑몰, 수영장이 있지."

마리나 베이 샌즈 호텔

"수영장이 저기 위에 있다고요?"

"세 건물 모두 57층이 꼭대기인데, 그곳에 가면 싱가포르가 한눈에 보이면서 수영도 할 수 있어. 한번 가 보지 않을래?"

"네? 지금 싱가포르까지 갈 수 있어요?"

현기가 깜짝 놀라며 말했어요. 그 순간 가우디의 신비한 팔찌가 반짝거리고 있었어요.

"가우디, 너는 알고 있지? 팔찌를 이용해 원하는 건축물로 이동할 수 있다는 것을?"

가우디는 빙긋 웃으며 현기에게 팔찌를 가리켰어요. 팔찌의 가운데 버튼을 누르자 세 사람은 반짝이는 빛과 함께 박물관에서 사라졌어요.

그 순간 눈앞에 믿을 수 없는 광경이 펼쳐졌어요.

"여기가 진짜 마리나 베이 샌즈 호텔인가요?"

"그래, 싱가포르에 온 것을 환영한단다."

현기는 어리둥절했지만 거대한 호텔을 실제로 보니 무척 신기했어요.

"옆에서 보니 건물이 기울어져 있는 것 같아요."

"눈썰미가 좋구나. 맞아, 마리나 베이 샌즈 호텔의 특징 중 하나지. 옆에서 보면 삼각형 같지? 한쪽은 수직으로 곧게 올라가는데, 건물의 다른 쪽은 지면과 최대 52도의 각을 이루며 기울어져 있어. 이 모양은 항구에서 배들이 들어오는 것을 나타내는 한자인 들 입(入) 자를 떠올리게 한단다."

한 걸음 더

현대판 피사의 사탑? 마리나 베이 샌즈 호텔

피사의 사탑

마리나 베이 샌즈 호텔

1173년, 이탈리아의 피사 대성당 옆에 사탑이 만들어졌어요. 처음에는 탑이 지면과 수직이었지만 점점 기울어지기 시작해 현재는 지면과 이루는 각이 약 84.5도예요. 2010년에는 모두가 불가능하다고 생각했던 건물이 싱가포르에 만들어졌어요. 바로 위 그림처럼 최대 52도나 기울어져 있는 마리나 베이 샌즈 호텔이에요. 피사의 사탑보다 약 7배 더 기울어져 있어서 현대판 피사의 사탑이라고 부르지요. 경사진 건물을 연결하기 위해서 특별한 건축 공법까지 동원했어요. 또한 앞뒤 두 건물이 23층에서 연결되어야 서로 무게를 견딜 수 있다는 것을 알아내고, 벽 안쪽에 수천 개의 케이블을 연결하여 이를 당겨 23층까지 기울어진 구조물을 지탱했답니다.

"이 건물에서는 삼각형과 관련된 문제를 풀어야 해. 호텔을 옆에서 보면 삼각형 3개가 보이지? 여기 이와 비슷한 세 삼각형이 있어. 이 세 삼각형의 세 각의 크기의 합을 각각 알아내는 것이 바로 두 번째 문제야."

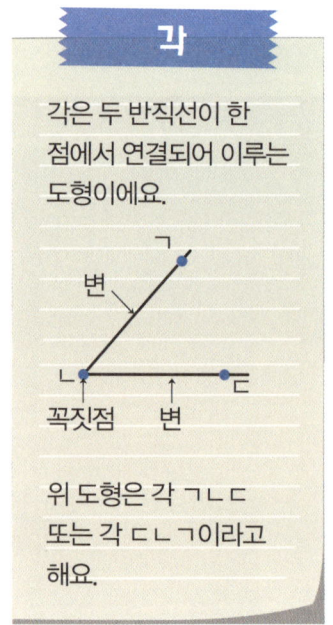

각

각은 두 반직선이 한 점에서 연결되어 이루는 도형이에요.

위 도형은 각 ㄱㄴㄷ 또는 각 ㄷㄴㄱ이라고 해요.

여인이 드디어 수학 문제를 알려 줬어요. 삼각형 3개가 그려진 종이를 주면서 말이에요.

"그런데 세 삼각형의 모양이 조금씩 다른 것 같아요. 모양이랑 세 각의 크기의 합은 상관없는 건가요?"

"글쎄, 그 부분도 곰곰이 생각해 보면 좋을 것 같구나."

"세 각의 크기의 합이라면……, 각도기만 있으면 바로 풀 수 있는데……."

가우디가 아쉬워하며 말했어요.

"같은 생각이야. 각도기를 당장 구해 올 수도 없고 말이야."

둘은 삼각형을 이리저리 돌려 봤어요.

"가우디, 삼각형을 세 조각으로 잘라서 세 각을 합쳐 보는 게 어떨까?"

현기의 말에 가우디는 여인이 준 삼각형 종이를 세 조각으로 잘라 세 각을 한 곳에 맞춰 연결해 봤어요.

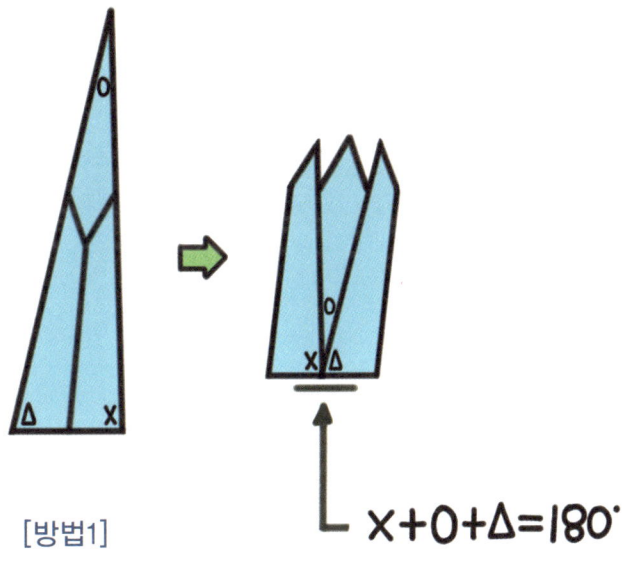

[방법1]

"어? 세 각을 맞추니까 마치 퍼즐처럼 일직선이 되네?"

"맞아, 그러니까 이 삼각형의 세 각의 크기를 합하면…… 180도?"

"그렇지! 세 각을 잘라서 하나로 모으면 180도가 돼!"

> **180도**
> 한 점에서 그은 2개의 반직선이 일직선이 될 때, 두 반직선이 이루는 각의 크기가 바로 180도예요.

가우디와 현기는 나머지 두 삼각형도 세 조각으로 자른 뒤에 한 곳에 모았어요.

"세 삼각형 모두 세 각의 크기의 합은 180도구나!"

"삼각형을 잘라서 다시 붙일 생각을 하다니, 대단하구나! 두 사람이 말한 대로 삼각형은 모양에 관계없이 세 각의 크기의 합이 항상 180도가 된단다."

여인이 가우디와 현기의 풀이에 감탄하며 삼각형의 세 각에 대해 설명했어요.

"혹시 이렇게 자르지 않고도 구하는 방법이 있나요?"

가우디가 호기심을 가지고 물었어요.

"물론 있지. 바로 삼각형을 접어 사각형을 만드는 방법이야. 삼각형의 한 꼭짓점을 마주 보는 변에 닿도록 접고, 나머지 다른 두 꼭짓점도 접어서 한곳에 모으면 이렇게 직사각형을 만들 수 있어. 이렇게 해도 세 각의 크기의 합이 180도라는 것이 한눈에 보이지?"

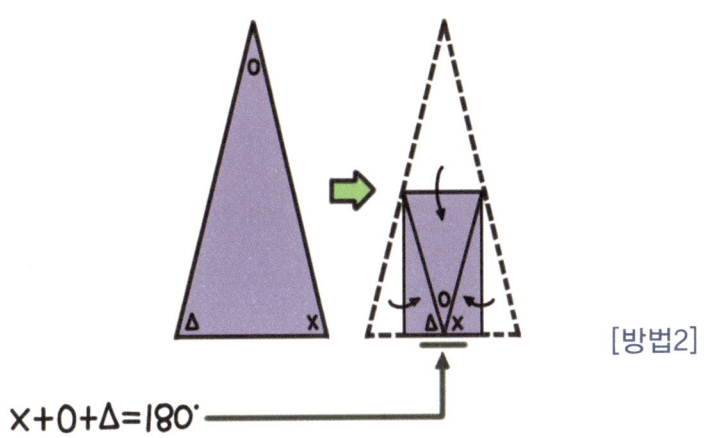

[방법2]

"와, 신기해요!"

두 친구는 입을 모아 말했어요.

"어떠니? 각도기 없이도 삼각형의 세 각의 크기의 합을 쉽게 구했지? 짧은 시간에 잘 해결해 주었단다."

여인은 두 번째 문제를 무사히 풀어 낸 현기와 가우디를 칭찬했어요.

"여기, 주황색 보석이야. 마리나 베이 샌즈 호텔 속 문제를 해결했으니 이제 박물관으로 돌아가자."

주황색 보석을 얻은 가우디는 팔찌에 보석을 올렸어요. 팔찌에는 이제 빨간색 보석과 함께 주황색 보석이 빛나고 있었어요. 가우디가 팔찌의 가운데 버튼을 누르자 세 명은 다시 박물관으로 돌아왔어요.

1. 다음 그림을 보고 빈 곳에 알맞은 수를 써넣어 보세요.

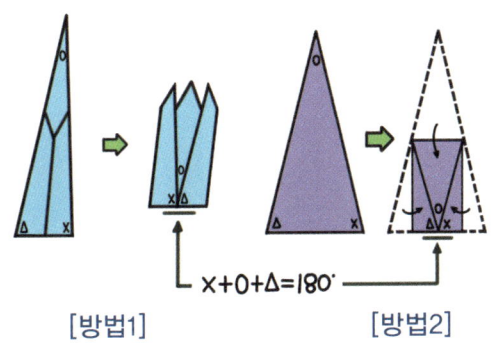

[방법1]   [방법2]

삼각형의 세 각의 크기의 합은 항상 (　　　)°(도)입니다.

2. 다음과 같이 삼각형의 세 각 중 두 각의 크기가 각각 52°, 90°일 때, 나머지 한 각의 크기는 몇 도인지 구해 보세요.

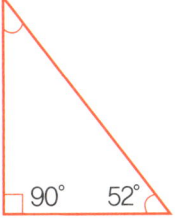

(　　　)°

정답 : 1. 180   2. 38

수학 읽기

조선 시대의 각도기, 간의

각의 크기를 재는 기구를 각도기라고 하지요?
각도기가 언제 생겨났는지는 정확하지 않아요. 독일의 수학자인 반펜이라는 사람이 양복 제도법의 시스템을 확립하기 위하여 처음 사용했다는 사실만 알려져 있답니다.

그런데 우리가 흔히 사용하는 각도기는 왜 반원 모양일까요? 각도기는 반원형으로 1도 단위로 눈금이 그어져 있잖아요. 동그란 원 모양일 수도 있을 텐데 말이에요. 그 이유는 반원 모양으로도 각을 충분히 잴 수 있기 때문이에요.

각도를 나타내는 방법에는 육십분법과 호도법 두 가지 방법이 있어요. 육십분법은 원의 둘레와 각을 360도로 정의하여 주어진 각을 재는 방법으로, 우리가 흔히 사용하는 각도의 단위인 °(도)를 단위 기호로 사용하지요.

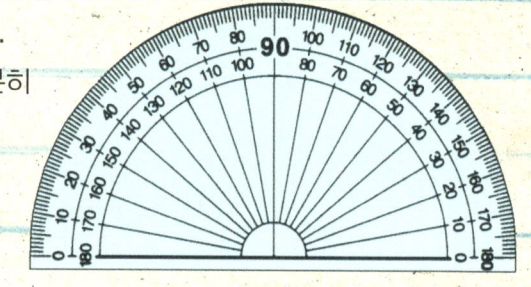

호도법은 주어진 각을 십진법의 수로 나타낸 방법인데, 기호는 라디안(rad)이에요. 호도법은 이론상의 문제를 다룰 때 사용하기 때문에 실생활에서는 잘 사용하지 않는답니다. 그래서 학생들이 사용하는 반원형의 각도기들은 모두 육십분법의 각도기지요.

그런데 조선 시대에도 각도기와 비슷한 도구가 있었다는 사실을 알고 있나요? 간의(簡儀)가 바로 그것이에요.
간의는 조선 시대 천문대에 설치되었던 중요한 천문 관측 기기 가운데 하나

인데, 오늘날의 각도기와 구조가 비슷해요.

당시에는 비교적 작은 소간의도 만들어졌는데, 이것은 휴대용으로 사용할 수 있는 도구였지요. 간의는 주로 건축물을 지을 때 사용되었는데, 간의와 소간의가 사용되었다는 사실을 통해 당시에도 각도를 재는 일이 중요했고, 건축물을 지을 때 각도를 철저히 계산했다는 사실을 알 수 있답니다.

당시 우리 조상들은 간의 외에도 다양한 도구를 이용해서 정교한 건축물을 지으려 노력했어요. 그 때문에 조상들이 남긴 건축물들은 세계인으로부터 '직선과 곡선이 빚어내는 아름다움!'이란 찬사를 받고 있지요.

간의 : 조선 시대에 만든 천문 관측 기기

이야기 3 (셋)

말레이시아의 페트로나스 트윈 타워

📖 합동과 대칭

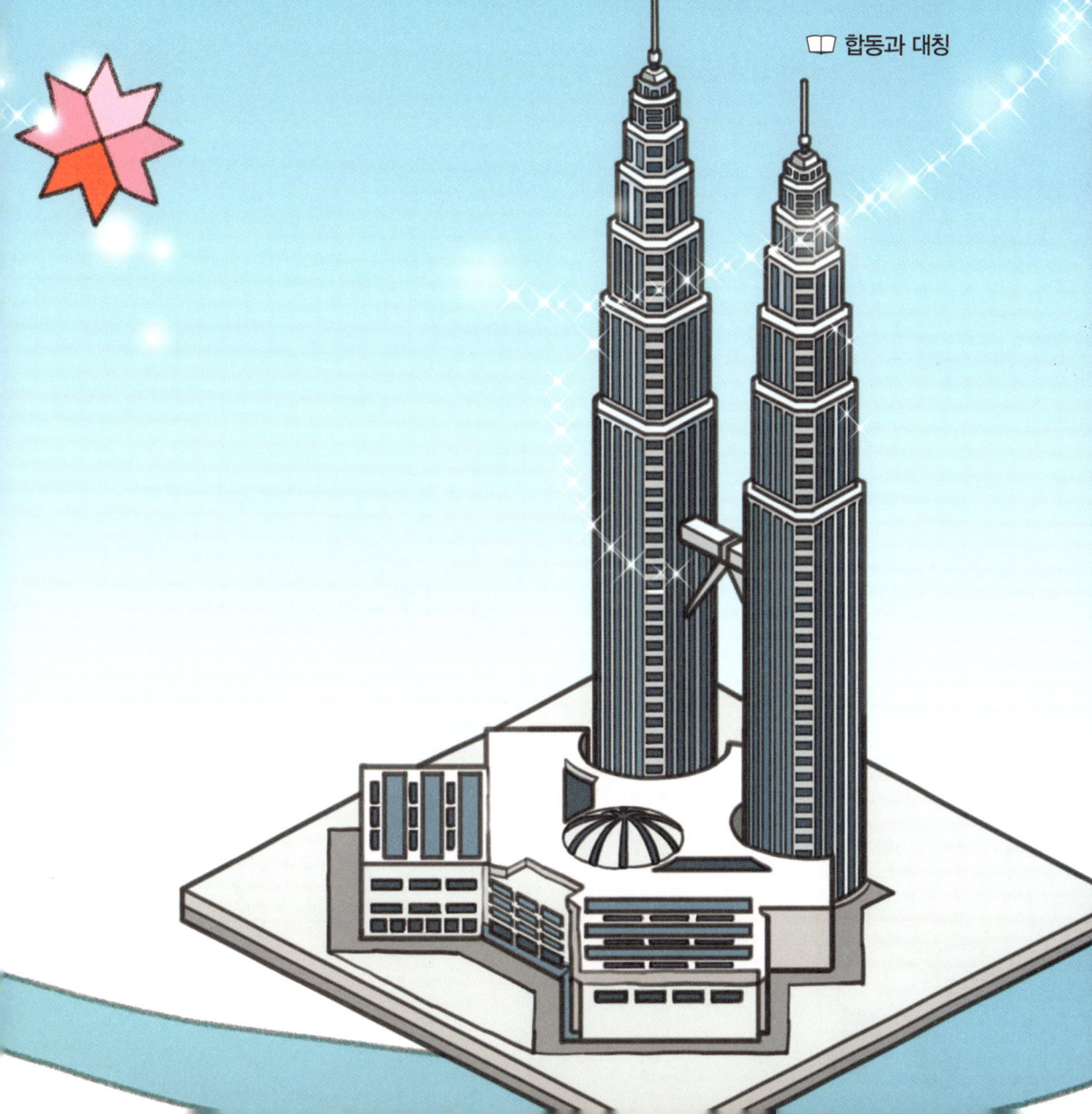

쌍둥이 건물의 대칭축

두 번째 보석까지 모은 가우디는 이제 건축과 관련된 수학 문제를 푸는 것에 자신감이 생겼어요. 그리고 속으로 다짐했지요.

'이젠 어떤 문제든지 풀 수 있어! 빨리 무지개 돌멩이를 찾고 싶어.'

"다음은 어디로 가야 하나요?"

현기가 여인에게 물었어요.

"싱가포르에 이어서 갈 곳은 말레이시아란다."

"말레이시아는 싱가포르 바로 옆에 있는 남북으로 길게 뻗은 나라 아닌가요?"

"그래. 사실 두 나라는 다리로도 연결되어 있단다."

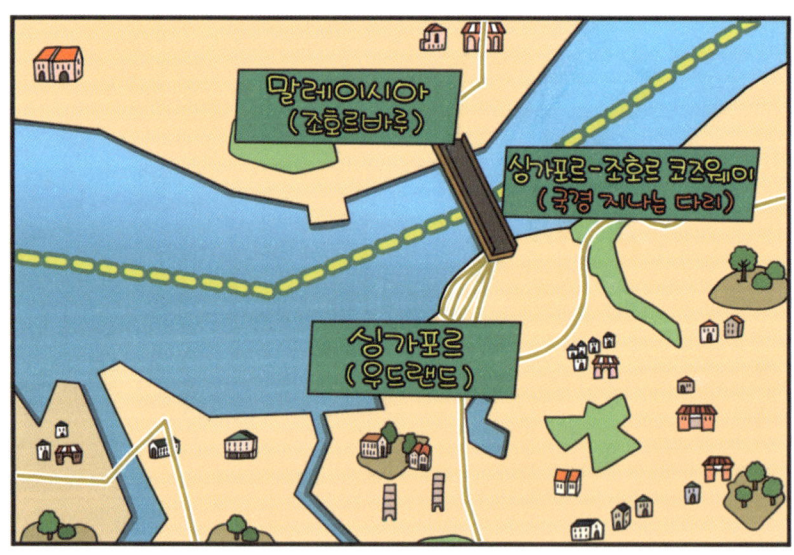

"말레이시아 건축물도 어떤 것인지 궁금해요. 빨리 가고 싶어요!"

현기도 이젠 가우디와의 건축물 여행이 점점 재미있어졌어요. 세 사람은 싱가포르 건축물 모형 바로 옆에 있는 말레이시아 구역으로 갔어요. 거기에는 서로 묘하게 닮은 2개의 빌딩 모형이 있었지요.

"두 건물이 쌍둥이처럼 똑같이 생겼어요."

"맞아. 이 건물은 말레이시아 수도인 쿠알라룸푸르에 있는 '페트로나스 트윈 타워'라고 해. 그리고 현기 말대로 이 두 빌딩은 완전히 똑같이 생겨서 쌍둥이 빌딩으로도 유명하지. 전 세계 쌍둥이 빌딩 중에서도 가장 높단다."

"그럼 이번에는 페트로나스 트윈 타워로 이동할까요?"

가우디가 팔찌의 가운데 버튼을 누르자 세 사람은 말레이시아로 순간 이동을 했어요.

"정말 두 건물이 똑같이 생겼어요! 그런데 가운데에 연결된 것은 뭐예요?"

페트로나스 트윈 타워

가우디가 여인에게 물었어요.

"41층과 42층에 있는 '스카이 브리지'라고 해. 두 건물을 연결하는 통로 역할을 하고 있지. 지상으로부터 170m 떨어진 곳에 있단다."

"저렇게 높은 곳에서 어떻게 다리를 하나하나 만들어서 연결해요?"

현기는 다리가 높은 곳에 떠 있다는 것이 정말 신기했어요.

"지상에서 다리를 거의 완성한 다음, 위로 올려서 두 건물 사이를 연결한 거야. 공중에서 작업하는 것보다 지상에서 만드는 것이 여러모로 효율적이니까."

여인의 자세한 설명에 현기의 궁금증도 해결됐어요. 두 친구가 건물을 구경하던 중, 팔찌에서 건축 나라의 왕이 나타났어요.

"가우디, 페트로나스 트윈 타워는 두 건물이 똑같이 생긴 쌍둥이 빌딩이라는 걸 알았지? 이제 두 건물이 대칭이 되도록 하는 선을 찾아보거라."

"대칭? 선이요? 아버지, 지금 이 건물에는 선이 보이지 않아요!"

"그 보이지 않는 선을 찾는 것이 바로 이번에 풀 문제란다."

건축 나라의 왕은 아리송한 말을 남기고 사라졌어요. 가우디는 또 고민에 빠졌지요.

"가우디, 양손을 서로 맞대어 볼래?"

"이렇게? 이게 대칭이랑 무슨 상관이야?"

"두 손을 맞대면 꼭 포개어지지?"

"그거야 당연하지."

"이렇게 마주 보도록 포개어지는 것을 대칭이라 한다고 책에서 읽었어."

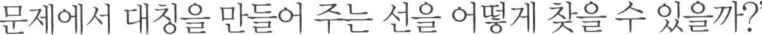

"아, 정말 그렇네! 그럼 이 문제에서 대칭을 만들어 주는 선을 어떻게 찾을 수 있을까?"

"나도 이등변삼각형처럼 한 도형에서 대칭을 만드는 선은 찾을 수 있는데, 이렇게 떨어져 있는 모양에서는 찾아본 적이 없어."

둘은 점점 자신이 없어졌어요.

"자, 여기 페트로나스 트윈 타워 사진을 줄게. 가운데에 있는 다리에 뭔가 신기한 것이 보이지 않니?"

옆에서 둘을 안타깝게 지켜보던 여인이 사진과 함께 힌트를 줬어요.

"가운데가 ㅈ(지읒) 모양이에요."

"그럼 그 가운데를 기준으로 양쪽의 길이는 서로 어떨까?"

"그거야 당연히… 아, 알겠다!"

"뭐야? 뭘 알겠다는 거야? 나는 도저히 모르겠는걸?"

현기가 뭘 알아낸 것인지 가우디는 너무 궁금했어요.

"거리! 서로 같은 거리에 있는 점을 찾는 게 바로 문제 해결의 열쇠야. 두 건물의 41층, 42층에서 마주 보는 점을 선분으로 연결했을 때, ㅈ 모양의 가운데에 있는 점이 이 선분의 길이를 똑같이 나누는 점이 되는 거지."

"가우디 못지않게 현기도 똑똑하구나. 자, 여기 자도 줄게. 문제를 풀려면 아마 필요할 거야."

여인은 현기에게 자를 건넸어요.

"그럼 나는 두 건물의 꼭대기를 연결해서 가운데에 있는 점을 찾아볼게."

현기 덕분에 힘이 난 가우디도 두 건물의 꼭대기를 연결하여 가운데에 있는 점을 찾았어요.

"바로 이 점이야. 그러면 대칭을 만드는 선을 어떻게 찾을까?"

"그건 더 쉬워. 바로 우리가 찾은 두 점을 잇기만 하면 돼!"

"그래? 내가 연결해 볼게!"

자를 이용하여 두 점을 연결하니 기다란 선이 그려졌어요. 이 선은 두 빌딩의 같은 지점을 이은 선분을 항상 이등분했지요.

"잘 찾았어. 이렇게 대칭이 되도록 하는 선을 '대칭축'이라고 한단다."

여인은 선분을 가리키며 대칭축에 대해 알려 줬어요.

가우디와 현기는 자신들이 페트로나스 트윈 타워의 대칭축을 그려 냈다는 것이 신기할 뿐이었지요.

하늘에서 본 대칭

여인은 대칭축을 찾은 가우디와 현기를 칭찬하며 말했어요.

"애들아, 잘했어. 그런데, 재미있게도 이 건물에는 또 다른 대칭이 숨어 있단다."

"또 다른 대칭이 있다고요?"

"그래. 하늘에서 이 타워를 바라보면 팔각 별 모양을 이루고 있어. 원래는 종교적인 이유로 십이각별로 만들고 싶었지만, 좀 더 현실적인 팔각 별을 만들게 된 것이지."

팔각 별
8개의 각을 가진 별 모양을 말해요.

위에서 바라본 페트로나스 트윈 타워

별 모양의 페트로나스 트윈 타워

대부분의 건물은 바닥 모양이 직사각형이에요. 그러나 페트로나스 트윈 타워는 종교적 전통에 의해 처음에는 바닥을 십이각 별 모양으로 제작할 예정이었지요.

그러다가 십이각 별 모양보다는 2개의 정사각형을 포갠 팔각 별 모양이 가장 안정적인 형태라는 것을 알게 됐어요. 여기에 또 다른 문제가 발생했어요. 팔각 별 모양은 외부의 벽이 건물의 중심과 너무 가까워 공간을 효율적으로 사용하기 어렵다는 것을 알게 된 것이죠. 그래서 별 모양이 겹치는 부분에 8개의 반원을 포갠 형태로 바닥 모양이 결정됐어요.

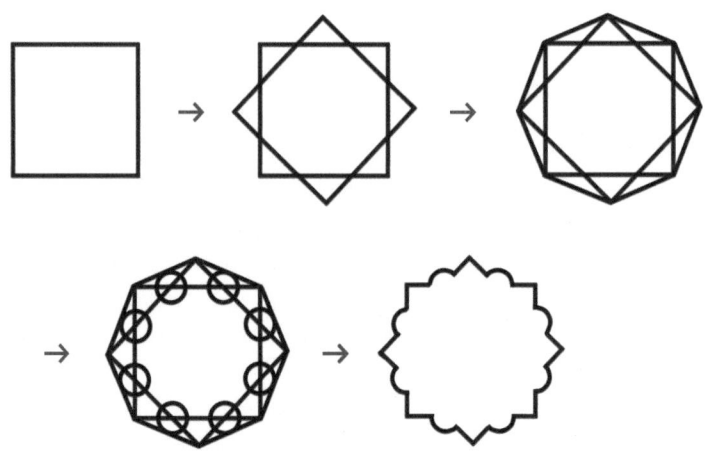

별 모양 바닥면이 만들어진 과정

"진짜 그렇네요! 하늘에서 본 모양이 이렇게 생겼을지 상상도 못했어요. 건물 바닥 모양은 항상 사각형일 거라고 생각했는데……."

"처음에는 한 정사각형에 다른 정사각형을 포개어 놓고 별을 만들었어. 그 다음에 별의 뾰족한 부분에 작은 원을 넣어서 지금의 바닥 모양을 만들 수 있었지. 자, 이제 세 번째 보석을 찾을 시간이야. 이번에는 팔각 별 모양의 바닥 사진에서 대칭축을 최대한 많이 찾아서 그려야 해."

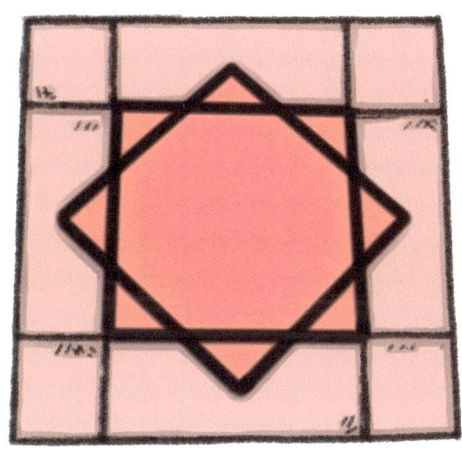

복잡해 보이는 도형을 보고 가우디는 "휴" 하고 한숨을 쉬었어요.

"가우디! 나 화장실 좀……."

설상가상으로 현기는 건물 안 화장실로 들어가 버려서 가우디 혼자 문제를 풀어야 하는 상황이 되었어요. 가우디는 혼자서 사진을 이리저리 접어 봤어요. 어떨 때에는 완전히 포개지면서, 또 어떨 때에는 포개지지 않았지요.

'그래! 뾰족한 점을 연결하면 포개지는 것 같아.'

가우디는 뾰족한 점을 기준으로 접은 다음 포개지는 선을 그었어요.

가우디는 마침 화장실에서 돌아온 현기에게 대칭축을 그린 사진을 보여 주며 자신 있게 말했어요.

"내가 대칭축 2개를 찾았어. 아마 더는 없을걸?"

"멋져, 가우디! 그런데 잠깐만…, 저 대각선 부분을 접어도 포개질 것 같지 않아?"

"응? 그러고 보니…. 내가 한번 접어 볼게."

가우디는 다시 바닥 모양 사진을 이리저리 접어 봤어요.

> **대각선**
>
> 다각형에서 이웃하지 않은 두 꼭짓점을 이은 선분을 말해요.

"아, 찾았어! 대각선을 기준으로 접으니까 정확하게 반으로 포개지는걸?"

"가우디, 해냈구나. 그럼 대칭축은 모두……."

"하나, 둘, 셋, 넷. 이 팔각별에는 모두 4개의 대칭축이 있어!"

가우디가 대칭축의 개수를 정확하게 알아내자 여인이 노란색 보석을 손에 들고 다가왔어요.

"축하해, 가우디. 자, 여기 노란색 보석이야."

노란색 보석이 빛을 내며 팔찌 구멍 속으로 들어갔어요.

"자, 이제 헤어질 시간이구나. 남은 보석도 잘 찾아내길 바랄게."

"감사해요. 이제 저희는 어디로 가야 하는 거죠?"

"2층 유럽관으로 가 보렴. 너희를 기다리는 분이 계실 거야."

가우디와 현기는 여인과 작별 인사를 한 다음, 이번에는 어떤 건축물로 떠날지 두근거리는 마음으로 2층을 향해 한 걸음씩 나아갔어요.

1. 다음은 인도의 타지마할과 캄보디아의 앙코르와트예요.
   두 건축물의 대칭축을 각각 그려 보세요.

정답:

수학 읽기

도형과 관련된 건축물 소개

가우디

건축물은 입체도형들의 합작품이라고 할 수 있어요. 하나의 건물 속에도 구, 각뿔, 기둥 등 다양한 도형이 들어 있으니까요.

그런데 대표적인 건축가인 가우디는 유난히 자연 속에 나타난 도형 모양을 건축물에 많이 응용했답니다. 안토니오 가우디는 어린 시절에 몸이 약했다고 해요. 그래서 친구들과 놀기보다는 혼자 노는 시간이 많았지요. 그러다 보니 자연스럽게 자연과 친구가 되었는데, 산길을 산책하고 숲에서 자연을 관찰하는 게 놀이가 된 거예요.

그 때문에 가우디는 건축물 속에 다양한 자연의 구조를 들여왔어요. 나무의 몸통과 줄기에서 모티브를 얻은 타원형의 거대한 기둥, 꽃 구조를 모방한 건축 모양, 벌집 모양의 창문, 빙글빙글 올라가는 계단 등 자연 속의 입체 구조는 그대로 가우디의 건축이 되었지요.

구엘 공원

카사 바트요

피라미드

이집트의 대표 유적인 피라미드도 도형의 집합체라고 할 수 있어요. 피라미드는 이집트 왕의 무덤으로 알려져 있는데, 그 자체가 이미 입체도형이랍니다. 피라미드는 멀리서 보면 작은 삼각형처럼 보여요. 하지만 가까이에서 보면 4개의 삼각형과 1개의 사각형으로 이루어진 사각뿔의 입체도형이지요. 그래서 위에서 피라미드를 내려다보면 사각형으로 보인답니다.

그럼 고대 이집트인들은 왜 이런 모양으로 피라미드를 만든 걸까요? 그 이유는 사각뿔이 안정적인 구조이기 때문일 거라고 사람들은 추측하고 있어요. 돌을 수직으로 쌓으면 무너지기 쉽지만, 사각뿔 구조는 위로 올라갈수록 안쪽으로 경사가 조금씩 지기 때문에 쉽게 무너지지 않거든요.

피라미드가 오랫동안 남아 있기를 원한 이집트인들의 마음이 결국 이처럼 독특한 구조의 건축물을 만들어 냈던 거예요. 그렇다고 해서 모든 피라미드가 사각뿔의 입체도형 구조인 건 아니에요. 초기 피라미드인 마스타바는 밑면이 직사각형인 사각뿔대이고, 그 후엔 계단식 피라미드도 만들어졌거든요. 사각뿔대란 사각뿔의 중간 부분을 밑면과 평행하게 자른 도형이에요.

이야기 넷

영국의 런던 아이

📖 원 / 삼각형 / 다각형의 둘레와 넓이

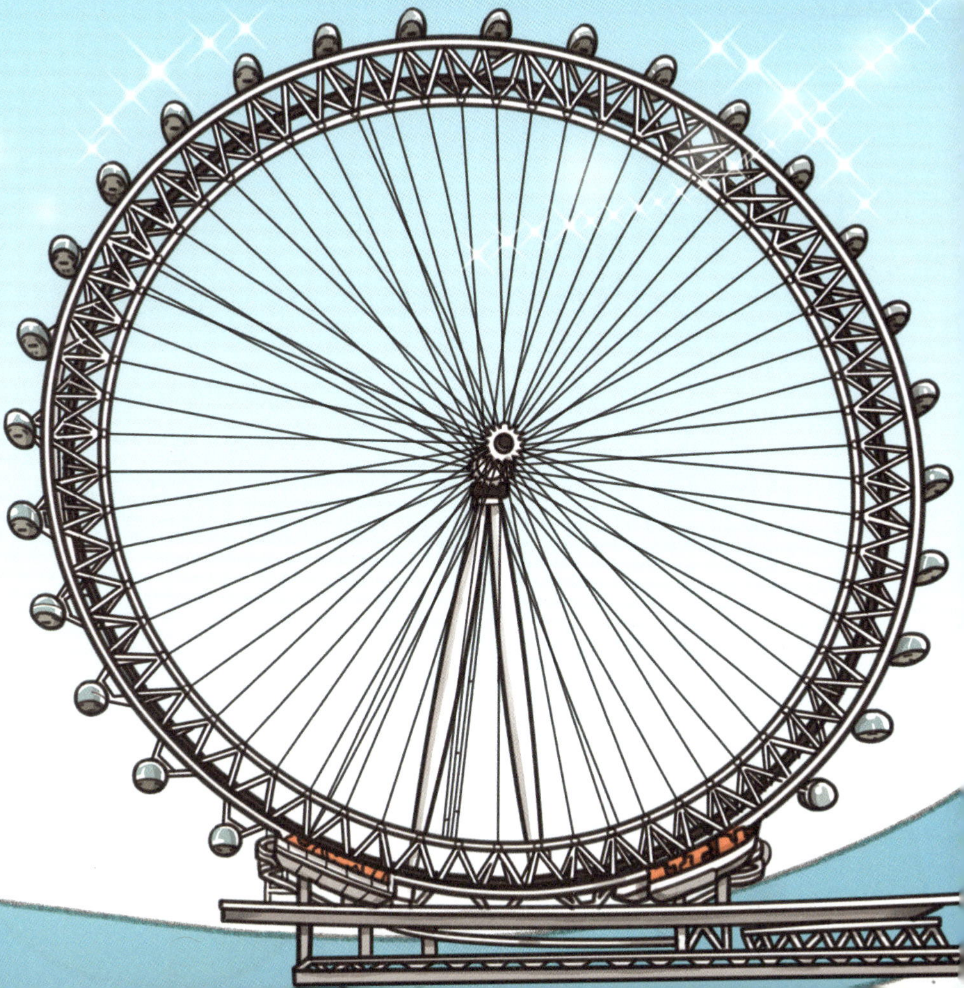

런던 아이의 지름과 중심

2층으로 가는 길의 벽에는 유명한 유럽 건축물들이 그려져 있었어요. 현기와 가우디는 로마의 콜로세움과 판테온, 파리의 에펠탑과 노트르담 대성당 그림을 바라보며 새로운 건축물을 만난다는 기대감에 가슴이 점점 두근댔지요. 2층 입구에 다다르자 여인의 말대로 누군가 현기와 가우디를 기다리고 있었어요.

"어서 오십시오, 왕자님 그리고 현기 군. 기다리고 있었습니다."

중절모를 쓰고 갈색 양복을 입은 아저씨가 둘을 정중하게 맞이했어요.

"저는 유럽의 건축물을 연구하고 있습니다. 건축물과 관련해서 궁금한 점이 있으면 언제든지 질문 바랍니다."

아저씨를 본 현기는 언젠가 책에서 본 영국 신사가 떠올랐어요. 둘은 아저씨를 따라서 영국 건축물 모형이 있는 곳으로 들어갔어요.

"먼저, 영국을 소개하겠습니다. 영국은 잉글랜드, 스코틀랜드, 웨일스, 북아일랜드로 구성돼 있으며……."

"저기요, 아저씨. 영국 역사도 중요하지만 혹시 건축 나라 왕님께서 어떤 문제를 내셨는지 알려 주시겠어요?"

현기가 재촉하며 말했어요.

"아, 네. 아직 할 이야기가 많기는 하지만…… 간단히 말해서 우리는 영국의 수도 런던으로 갈 것입니다."

아저씨는 더 많은 얘기를 해 주지 못한 것이 아쉬워 보였어요.

"와, 런던이요?"

현기는 런던으로 간다는 것이 꿈만 같았어요.

"여기를 보세요. 바로 이 원형 대관람차에 문제가 숨어 있습니다. 왕자님, 팔찌 버튼을 눌러 보시겠습니까?"

가우디가 버튼을 누르자 세 명은 빛과 함께 런던으로 순간 이동을 했어요. 런던에 도착한 세 명의 눈앞에는 동그란 대관람차가 천천히 돌아가고 있었어요.

"이 대관람차는 바로 '런던 아이'입니다."

런던 아이

"아이(eye)라는 것이 우리말로 눈을 말하는 것인가요?"

"네, 그렇습니다. 동그란 눈동자 모양에서 유래하여 런던의 눈, 즉 런던 아이로 불립니다. 원래 이름은 새로운 천 년의 바퀴라는 뜻의 '밀레니엄 휠'이었지요."

"그럼 여기에는 어떤 수학 문제가 있나요?"

가우디가 아저씨에게 물었어요.

"네, 이제 문제를 말하겠습니다. 런던 아이는 모두 32개의 방이

원을 이루며 돌고 있습니다. 이 방들에 1번부터 32번까지 이름을 붙인다면, 1번 방과 몇 번 방을 연결한 선분이 원의 지름이 되겠습니까?"

"현기야, 그런데 원에서 지름이 뭐야?"

"음, 지름은 원 위의 두 점을 지나는 가장 긴 선분이야."

> **원의 지름**
>
> 원 위의 두 점을 이은 선분 중 원의 중심을 지나는 선분을 '원의 지름'이라고 해요.

"그럼……, 지름을 어떻게 찾을 수 있을까?"

"원 모양의 종이를 접어서 반으로 접으면 생기는 선분이 바로 지름이야. 나는 이렇게 찾곤 했어."

"반으로 접어서 똑같다면, 원도 선대칭이 되겠구나!"

"어? 그렇겠네! 하지만 대관람차를 접을 수도 없고……."

현기가 머리를 긁적이며 말했어요.

"나 알아냈어! 바로 17번 방이야."

무언가 깨달았다는 듯이 가우디가 외쳤어요.

"나는 16, 17, 18번 중에 헷갈렸는데 어떻게 17번 방인 거야?"

"1번과 17번 방을 연결하면 양쪽에 각각 15개의 관람차가 있게 돼. 그러니 런던 아이는 선대칭이 되는 것이지."

"오, 가우디! 대단한데?"

"히히, 지금까지 우리가 함께 문제를 해결해 온 덕분이야."

"그럼 2번 방은 몇 번 방과 연결해야 런던 아이의 지름이 될까요?"

흐뭇하게 둘을 바라보던 신사복 아저씨가 질문했어요.

"18번 방이겠죠!"

이번에는 현기가 자신 있게 말하자 가우디가 이어서 이야기했어요.

"그럼 3번과 19번, 4번과 20번…… 이런 순서로 연결하면 지름이 되겠군요."

"그렇습니다, 왕자님! 이렇게 이은 모든 지름이 만나는 가운데의 점이 보이나요?"

"네, 진짜 신기하게 한 점에서 만나네요!"

"아, 나 기억났어. 그 점이 바로 원의 중심 맞죠?"

"네, 맞습니다. 그럼 원의 중심과 지름 사이의 관계도 알고 있나요?"

"음…… 원 위의 두 점을 이은 선분 중 원의 중심을 지나는 것이 바로 지름이겠네요."

"두 친구 모두 대단하군요!"

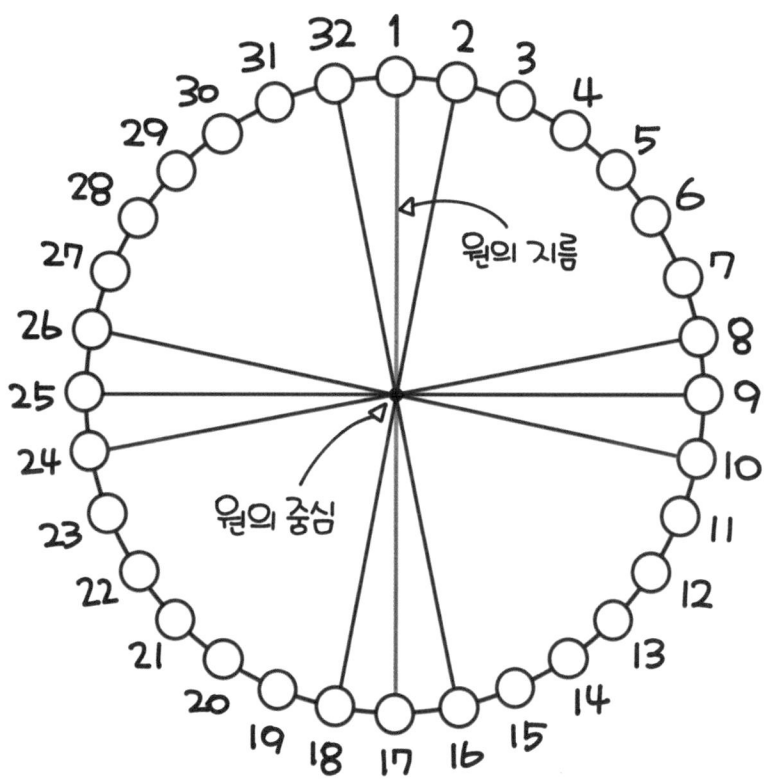

런던 아이의 최대 관람객 수

런던 아이는 영국 런던의 템스 강변에 위치한 대관람차예요. 높이 135m로 유럽에서 가장 높은 대관람차지요. 모두 32개의 방이 있고, 각 방마다 최대 25명이 탈 수 있어요. 한 번에 관람할 수 있는 최대 인원을 구하려면 32와 25를 곱하면 되겠지요? 즉, 모두 800명까지 탈 수 있어요.

런던 아이의 관람 시간은 30분이에요. 오전 10시에서 오후 8시 30분까지 관람차를 운영한다고 하면 방 하나는 하루에 총 몇 번을 회전할까요? 운영 시간은 총 10시간 30분이고 이는 630분과 같아요. 630을 30으로 나누면 21이니까 방 하나는 하루에 총 21번을 회전하는 거예요. 그럼 런던 아이의 하루 최대 관람객 수는 몇 명일까요? 맞아요! 바로 $32 \times 25 \times 21 = 16800$(명)이나 된답니다.

런던 아이의 반지름 구하기

왕은 마법 거울을 통해 가우디와 현기가 런던 아이 문제를 무사히 해결하는 것을 보고 있었어요. 그러다가 원과 관련된 좋은 문제가 생각났지요. 곧 팔찌에서 왕이 홀로그램으로 나타났어요.

"오, 왕이시여!"

신사복 아저씨는 왕에게 공손히 인사했어요.

"자네의 유럽 건축물 보고서는 잘 받아 보고 있다네. 가우디, 어느새 네 번째 문제를 해결하고 있구나. 이번에 내가 내는 문제도 맞히면 초록색 보석을 얻게 될 것이다."

원의 중심과 지름에 대해 알게 된 가우디와 현기는 이제 어떤 문제든 자신 있었어요.

"런던 아이에는 대관람차를 고정하기 위해 중심에서 각 방까지 강철로 된 와이어가 연결되어 있단다. 연속하는 2개의 방에 대하여, 원의 중심과 이 두 방을 이은 선분과 두 방끼리 이은 선분으로 이루어진 삼각형의 둘레의 길이는 약 132m지. 그렇다면 중심에서 두 방까지의 거리는 각각 몇 m일까? 이때, 두 방 사이의 직선 거리는 약 12m란다."

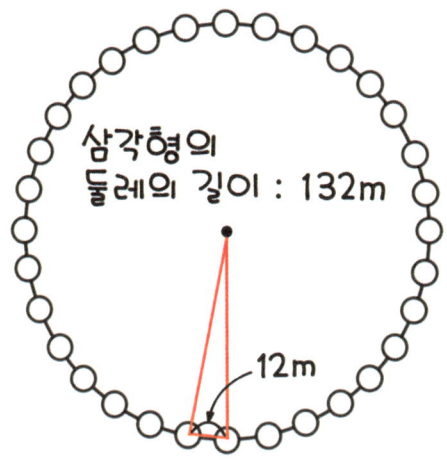

"삼각형의 둘레를 구하려면 세 변의 길이를 알아야 하는데… 한 변의 길이만 알려 주시면 어떡해요?"

가우디가 볼멘소리를 했어요.

"그건 너희가 알아내야 하는 거지."

가우디의 성장에 흐뭇해하며 왕은 다시 사라졌어요.

"그러니까 런던 아이의 중심으로부터 방까지의 거리를 구해야 하는 거지?"

현기가 가우디를 진정시키며 이야기했어요.

"맞아……. 그런데 그리 쉽지 않을 것 같아."

"일단 삼각형의 둘레 132m에서 12m를 빼면……."

"120m지. 그 정도 계산은 나도 금방 할 수 있어."

"그래, 그런데 그 다음이 문제인걸?"

"중심에서 두 방까지의 거리가 서로 같으면 쉽게 풀 수 있을 텐데……."

가우디가 혼자 중얼거렸어요.

"잠깐! 가우디, 방금 했던 말 다시 해 볼래?"

"아니, 만약에 두 거리가 같으면 120을 2로 나눠서 쉽게 구할 수 있잖아."

"그래, 바로 그거야! 사실 두 거리는 같은 것이었어."

"천천히 설명해 줄래?"

"원의 중심을 기준으로 지름을 절반으로 나눈 것 중 하나를 '반지름'이라고 해. 한 원에서 반지름의 길이는 항상 똑같아. 런던 아이도 원 모양이니까 중심에서 각 방까지의 거리는 모두 같은 거지!"

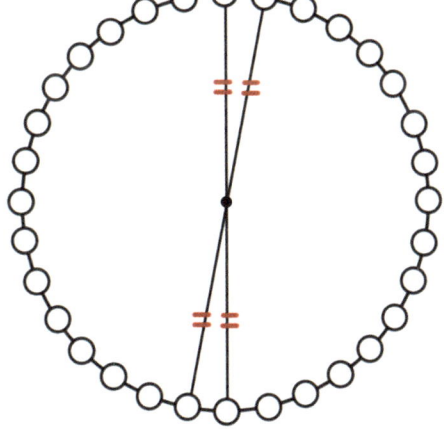

"아하, 그럼 120 나누기 2를 하면 60! 바로 60m구나!"

둘의 대화를 듣고 있던 신사복 아저씨가 박수를 쳤어요.

"브라보! 축하합니다. 그럼 지름의 길이가 얼마인지도 알겠군요?"

"지름은 반지름의 두 배니까…… 바로 120m예요!"

"훌륭합니다. 이번 여행에서 원의 중심, 지름, 그리고 반지름까지 원에 대해 확실히 알게 됐군요. 자, 왕자님. 여기 초록색 보석이 있습니다."

초록색 보석이 빛을 내며 팔찌의 구멍 속으로 들어갔어요.

가우디가 팔찌의 가운데 버튼을 누르자 세 사람은 2층 유럽관으로 돌아왔어요.

"자, 저를 따라오세요. 다음 여행이 기다리고 있습니다."

현기와 가우디는 신사복 아저씨를 천천히 따라갔어요.

1. 런던 아이에서 5번 방과 몇 번 방을 이어야 원의 지름이 될까요?

( )번 방

2. 런던 아이를 이루는 원의 반지름의 길이는 약 60m입니다. 그렇다면 이 원의 지름의 길이는 약 몇 m인지 구해 보세요.

( )m

정답 : 1. 21 2. 120

수학 읽기

원형 건축물의 시초, 몽골의 게르

원형으로 이루어진 가장 원시적인 건축물은 몽골의 전통 가옥인 '게르'예요. 게르는 인류가 고안한 건축물 중에서 가장 효율적인 것이라고도 알려져 있어요.

몽골의 전통 가옥 게르

수천 년 동안 몽골의 유목민은 계절에 따라 초원 지역을 이동해서 살아야 했어요. 여름에는 메마르고 바람이 부는 강변 지역, 겨울에는 강바람을 피할 수 있는 산이나 언덕과 가까운 지역을 찾아다녔죠. 이렇게 자유롭게 이동해야 하는 목축업 생활 방식 때문에 게르가 생겼어요. 게르는 쉽게 분해할 수 있는 벽과 기둥, 천과 펠트로 덮은 둥근 지붕을 밧줄로 묶어서 만들었어요. 유목민들이 운반하기에 가볍고, 접거나 조립하기 쉽게 유연하며 여러 번 사용해도 좋을 정도로 튼튼하답니다. 게르는 오랜 기간 동안 개선되어 초속 20m에 이르는 매서운 바람도 견딜 수 있고 어른 두세 명이 30분 안에 분해해서 1시간 안에 조립할 수 있도록 간편해졌어요.

게르의 내부 모습

현대 건축물 중에도 이렇게 원형을 살린 것이 꽤 있어요. 원형 형태의 디자인은 자연스럽고 부드러우며, 친근하면서도 포근한 이미지를 담을 수 있기 때문이지요.

미국 애플 본사

이야기 5 다섯

네덜란드의 큐브 하우스

📖 사각형

고장 난 팔찌와 설계도

다음으로 도착한 곳은 네덜란드 건축물들이 있는 전시관이었어요. 여기저기 크고 작은 풍차 모형들이 보였지요.

"이번에는 풍차를 보러 가는 건가요?"

"하하, 풍차보다 더 신비한 건물을 보러 갈 겁니다. 바로 여기입니다."

현기와 가우디의 앞에 상자 모양으로 생긴 집들이 가로수처럼 연결된 건축물이 있었어요.

큐브 하우스

"이것은 네덜란드 로테르담에 있는 '큐브 하우스'입니다."

"큐브 하우스에도 사람이 사나요?"

"물론입니다. 집이나 사무실로도 사용되고 있지요. 이 특색 있는 집에 머물고 싶다면 게스트 하우스에서 체험도 가능하답니다."

"아마도 이번에는 사각형에 대한 문제가 나올 것 같은데?"

가우디가 상자 모양에 있는 사각형 벽면과 지붕을 가리키며 말했어요.

"어떤 문제가 기다리고 있을지 네덜란드로 한번 떠나 보겠습니다. 왕자님, 팔찌 버튼을 눌러 주세요."

가우디는 평소대로 팔찌의 가운데 버튼을 눌렀어요. 그런데 어떻게 된 일일까요? 세 명은 여전히 건축물 박물관에 있었어요.

"아저씨, 팔찌가 작동이 안 돼요."

"그럴 리가요? 이상하군요……. 제 팔찌로 한번 시도해 보겠습니다."

아저씨도 팔찌의 버튼을 몇 번 눌러 봤지만 여전히 박물관에 머물러 있었어요.

"아저씨, 네덜란드에 가지 않고도 문제를 풀 수 있을까요?"

가우디가 다급하게 아저씨에게 물었어요.

"다행히 큐브 하우스의 설계도가 있네요. 이걸로 문제를 해결해 보시겠습니까?"

"네, 그렇게 해요. 다른 방법이 없어 보이네요."

"자, 이 그림이 바로 큐브 하우스의 설계도입니다. 큐브 하우스의 지상층은 건물 입구로 활용되고, 1층에는 거실과 주방이 있습니다. 2층에는 침실과 화장실이 있고, 3층에는 작은 정원이 있는 다락방이지요."

신사복 아저씨는 큐브 하우스의 지상층, 1층, 2층, 3층 총 네 개의 설계도를 보여 줬어요.

지상층

건물에서 땅 위에 있는 시작 층을 지상층이라고 해요. 우리나라와 미국 건물은 지상층이 1층이지만, 네덜란드를 포함한 유럽 건물은 지상층이 0층이에요.
즉, 우리나라 건물의 1층이 유럽 건물에서는 지상층 또는 0층이 되고, 우리가 2층이라 부르는 곳부터 유럽 건물의 1층이 되는 거예요.

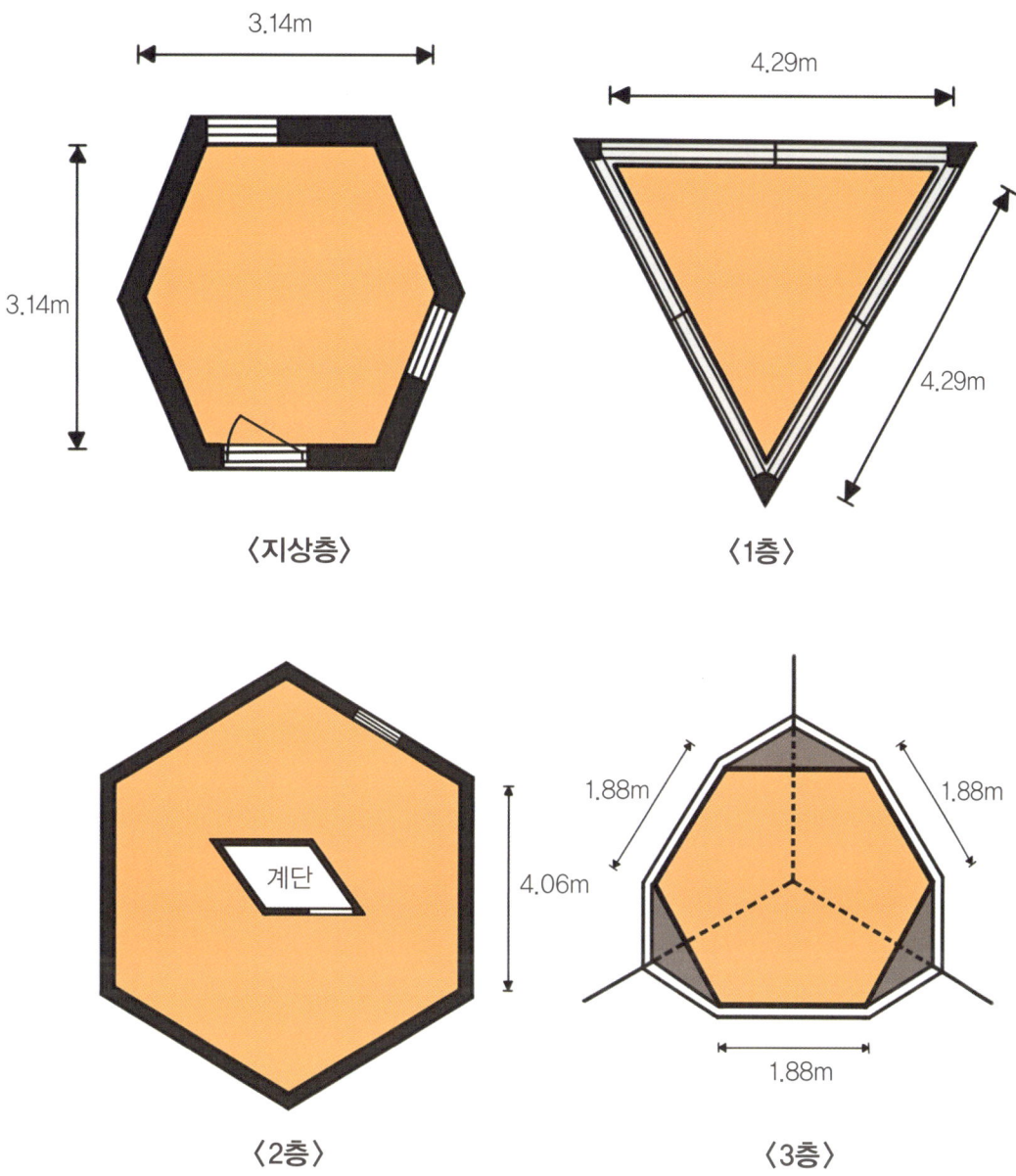

큐브 하우스의 설계도

"겉은 상자 모양인데 내부는 전혀 다르게 생겼네요."

"맞습니다. 특히 지상층, 2층, 3층 바닥은 모두 육각형 모양이지요. 여기에서 두 분이 풀어야 할 문제는 이 설계도에서 평행선을 모두 찾는 것입니다."

"평행선이요?"

가우디는 아저씨에게 다시 물었어요.

"네, 평행선이 모두 몇 쌍인지 찾으시면 됩니다."

> **평행선**
>
> 나란히 있어 만나지 않는 두 직선을 서로 평행하다고 해요. 이때, 평행한 두 직선을 평행선이라고 하지요.

"현기야, 평행선은 그러니까…… 서로 만나지 않는 직선이지?"

"그래. 지상층부터 평행선을 차근차근 살펴보자."

"지상층에는 육각형의 변들이 서로 평행이네. 그럼 모두 세 쌍이야."

가우디는 서로 마주 보는 변들을 손가락으로 가리켰어요.

"1층은 삼각형이니 평행선이 없어."

"2층도 육각형 모양이니 세 쌍이겠지?"

"마지막 3층에는 또 다시 육각형이니 세 쌍!"

"정답은 지상층 세 쌍, 2층 세 쌍, 3층 세 쌍 모두 아홉 쌍 맞죠?"

"비슷했지만 정답은 아닙니다."

"네? 이상한데요, 모두 센 것 같은데……."

현기는 왜 틀렸는지 곰곰이 생각하면서 설계도를 다시 살펴봤어요. 그러다가 2층 설계도 안에서 작은 사각형을 찾아냈어요.

"가우디, 저기 2층 안쪽을 봐!"

"아, 안쪽에 평행사변형이 있구나!"

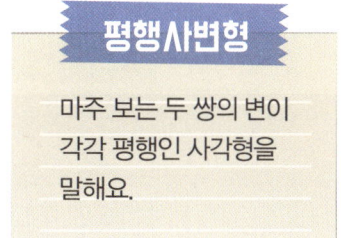

평행사변형

마주 보는 두 쌍의 변이 각각 평행인 사각형을 말해요.

"맞아, 그럼 평행사변형에는 평행선이 두 쌍 있으니까 2층에는 평행선이 두 쌍 더 있어."

"그럼 아까 구한 아홉 쌍에 두 쌍을 더하면 총 열한 쌍이야!"

"그렇습니다. 큐브 하우스 설계도에 있는 평행선은 모두 열한 쌍입니다."

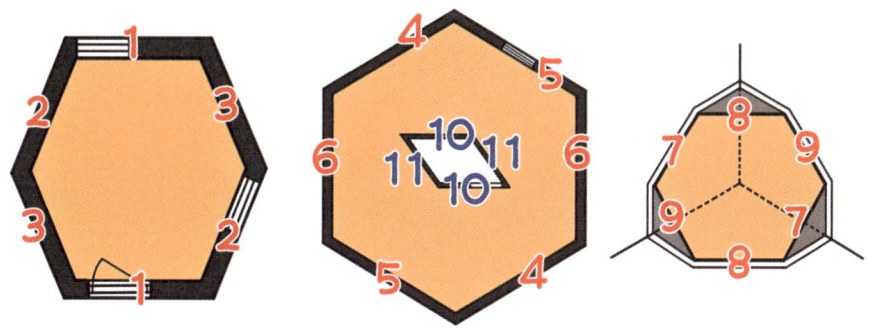

큐브 하우스의 층별 바닥 모양

1984년, 네덜란드 건축가 피에트 블롬은 정육면체 모양의 집을 지었어요. 그리고 집 하나하나가 모여 마치 숲처럼 보이도록 했지요. 그곳이 바로 큐브 하우스로 불리는 주거 단지예요.

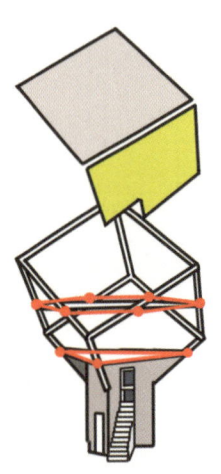

건물의 설계도를 보면 1층의 바닥 모양은 삼각형, 2층의 바닥 모양은 육각형이에요. 왜 다른 모양의 바닥이 나타날까요? 이것은 바로 정육면체를 어떻게 자르느냐에 따라 면의 모양이 달라지기 때문이에요. 그림과 같이 세워진 정육면체에서 1층은 세 모서리가 닿도록 잘려져서 삼각형 모양이 되고, 2층은 여섯 개의 모서리가 닿는 좀 더 복잡한 모양으로 잘리기 때문에 육각형 모양의 바닥면이 나와요.

아저씨는 안주머니에서 파란색 보석을 꺼내어 가우디에게 건넸어요.

"잘했습니다. 이렇게 설계도만 있으면 직접 건축물을 보지 않고도 그 구조를 알 수 있지요."

신사복 아저씨가 의미심장하게 말했어요.

"아저씨, 혹시 팔찌가 고장 난 게 아니고……?"

가우디가 뭔가 알아차린 듯 아저씨에게 물어보려는 순간 파란빛을 내며 보석이 팔찌 구멍 속으로 들어갔어요.

"흠흠, 이제 3층 아메리카관으로 올라가면 나머지 보석 두 개를 얻을 수 있습니다."

아저씨와 헤어지고 3층으로 올라가는 길이었어요.

"가우디, 아까 아저씨에게 물어보고 싶었던 것이 뭐야?"

"내 생각에는… 아버지가 일부러 설계도를 이용해서 문제를 풀게 하신 것 같아. 모든 건축물의 기본은 바로 설계도인데, 난 설계도 그리는 걸 귀찮아했거든. 덕분에 이제는 설계도가 얼마나 중요한지 조금 알게 됐어."

가우디는 아버지가 자신을 지구로 보내 문제를 풀게 한 것도 점점 이해되는 것 같았어요.

"그랬구나. 그럼 이제…… 마지막 한 층만 더 올라가면 우리의 모험도 끝나는 거겠지?"

1. 다음은 네덜란드의 화가 피에트 몬드리안이 그린 작품의 일부예요.

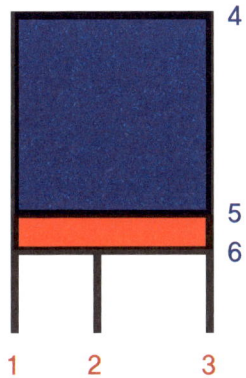

(1) 직선 1과 평행인 직선을 모두 찾아보세요.

(   )

(2) 선분 4와 평행인 선분을 모두 찾아보세요.

(   )

정답 : 1. (1) 직선 2, 직선 3 (2) 선분 5, 선분 6

수학 읽기

김홍도 작품(기와 이기)과 직각

김홍도는 조선 시대를 대표하는 작가예요. 그의 그림 중 「기와 이기」라는 작품 속에는 재미난 기구들이 등장하지요.

이 그림은 기와집을 짓는 일꾼들의 모습을 그린 것인데, 그림의 가운데에 눈을 감은 채로 나무 기둥 옆에 서 있는 사람을 자세히 보세요. 뭔가를 매단 실을 들고 있는 사람 말이에요. 이 사람은 지금 뭘 하고 있는 걸까요? 이 사람은 실에 추를 매달아 기둥과 땅이 직각을 이루는지 확인하는 중이에요.

집을 짓는 목수들은 땅바닥과 직각을 이루는 선을 그려서, 거기에 기둥을 세운 다음, 다시 점검을 했어요. 추를 매단 실이 기둥의 선과 정확하게 맞아떨어지면 기둥을 단단히 붙여 세운 거예요. 그래야 정확한 직각이 이루어지기 때문이지요. 그 옆에서 대패로 나무를 깎는 사람도 자세히 보세요. 그 사람의 발밑을 보면 눈에 익은 물건이 하나 보일 거예요. 바로 ㄱ자 모양의 자랍니다. 이 자를 '곱자'라고 불렀는데, 곱자는 직각이 맞는지 확인하는 데 쓰였지요.

그럼 실에 매단 추와 ㄱ자 모양의 자는 모두 직각을 재는 데 사용되던 기구라는 뜻인데, 집을 짓는 데 왜 이렇게 직각 재는 일을 중요하게 여긴 걸까요? 건축물을 지을 때 가장 기본이 되는 일은 수평과 수직을 맞추는 일이랍니다. 만약 수평과 수직이 잘 맞지 않으면 건물이 기울어지게 되죠.

그뿐 아니라 건물이 무너져 버릴 수도 있어요.
때문에 우리 조상들은 바닥의 기초를 다지고, 기둥을 세울 때 생기는 각이 땅과 직각을 이루는지 확인하는 일을 아주 중요하게 여겼답니다. 그리고 김홍도의 그림 「기와 이기」속에 등장하는 추와 자는 이 같은 사실을 잘 증명해 주는 도구인 거지요.

미국의 허스트 타워

📖 삼각형 / 다각형

삼각형의 종류

드디어 올라온 3층. 가우디는 이제 건축물의 겉모습뿐만 아니라 설계의 중요성까지 깨닫게 됐어요. 수학을 왜 배워야 하는지 그리고 건축물에서 수학이 얼마나 중요한지 알 수 있었지요. 이제는 보석을 찾는 일만큼 건축물에 숨어 있는 수학 원리를 찾아내는 것이 가슴 설렐 정도였어요.

"가우디, 너 혹시 웃고 있는 거야?"

가우디의 변화된 마음을 현기도 느낄 수 있었어요. 수학 문제에 대한 걱정으로 슬퍼하던 친구 가우디는 더 이상 없었지요.

3층 아메리카관에는 북아메리카에 속한 미국, 캐나다의 고층 건축물과 남아메리카의 고대 건축물 모형들로 전시돼 있었어요.

"헤이! 혹시 보석을 찾고 있는 친구들인가?"

어느새 두 친구 앞에 카우보이 복장을 한 키 큰 형이 윙크를 하며 물었어요.

"네, 이 친구는 가우디예요. 건축 나라에서 왔……."

현기의 말이 끝나기도 전에 성격 급해 보이는 카우보이 형이 끼어들었어요.

"알아. 예전에 왕국에 새로운 건물이 세워졌을 때 가우디 네가 그 건물 앞에서 왕과 함께 서 있었던 것을 본 적이 있지."

"형도 역시 건축 나라에서 왔군요."

"그래. 지구에 온 지도 벌써 몇 년이 지났어."

"형도 아메리카의 건축물을 연구하는 분이죠? 지금까지 1층과 2층에서 다른 대륙의 건축물을 연구하는 두 분을 만났거든요."

"그랬구나. 나를 만났다는 건 이제 찾아야 할 보석이 몇 개 안 남았다는 뜻이지?"

가우디와 현기는 고개를 끄덕였어요.

"자, 그럼 나와 함께 건축물에 대한 문제를 풀어 가 보자."

카우보이 형을 따라 도착한 곳은 미국의 뉴욕 건축물 모형을 전시한 곳이었어요. 뉴욕의 타임스스퀘어 주변 건물들과 엠파이어 스테이트 빌딩 등 한눈에 보아도 이곳은 건축물의 천국이었어요. 그중 외벽이 기하학적으로 꾸며진 특이한 건축물이 두 친구의 눈에 들어왔어요. 팔찌에서 봤던 다섯 가지 건물 중 마지막 건축물이기도 했지요.

"신기하게 생겼지? 이 건물은 허스트 타워라고 해."

허스트 타워

삼각형 조각을 계속해서 붙여 놓은 모양이어서 그런지 벽면에 여러 도형이 춤추는 것 같았어요.

"가우디, 팔찌는 가지고 왔지?"

"네, 그럼요. 이 건물로 가면 되는 건가요?"

가우디의 말이 끝나기도 전에 성격 급한 형은 팔찌의 가운데 버튼을 눌렀어요. 팔찌는 번쩍이는 빛과 함께 세 사람을 뉴욕의 허스트 타워 앞으로 보내 줬어요.

"형, 그런데 저기 건물 아래쪽은 위쪽과 어울리지 않게 오래돼 보이네요? 마치 기존 건물에 새로운 건물을 쌓아 올린 것 같아요."

현기가 허스트 타워의 아래쪽을 보고 궁금해하며 물었어요.

허스트 타워의 아랫부분

한 걸음 더

전통과 현대가 공존하는 허스트 타워

1928년, 허스트 그룹에서는 미국 뉴욕에 18층짜리 건물을 짓기로 했었어요. 하지만 경제 대공황 때문에 이 건물은 결국 6층까지밖에 지어지지 못했어요. 허스트 타워는 2006년에 높이 182m로 새롭게 거듭나게 된답니다. 아래쪽에 있는 기존 건축물은 건물의 로비로 활용되어 새로운 위쪽 건축물을 지키고 있어요.

특히 허스트 타워의 삼각형 구조는 쪽 맞추기와도 관련이 있어요. 쪽 맞추기가 가능한 정다각형으로 정삼각형, 정사각형, 정육각형이 있어요. 이 중에서 허스트 타워는 정삼각형을 활용하여 건축물의 외벽을 덮었어요. 위 사진과 같이 건물의 측면 또한 정삼각형으로 구성하여 입체적이면서 규칙적인 특색을 보여 주지요.

"글쎄, 그것보다 허스트 타워에 관한 문제를 풀자."

재촉하는 카우보이 형이 뭔가 이상하다는 생각이 들었지만, 그보다 두 친구는 새로운 문제를 얼른 풀고 싶었어요.

"이번 문제는 건물 외벽에서 찾을 수 있는 모든 도형의 이름을 말하는 거야."

"삼각형이요!"

가우디가 자신 있게 먼저 답했어요.

"좀 더 구체적으로 말해 줄래? 삼각형 중에서도 어떤 삼각형?"

"일단 세 변의 길이가 같아 보여요! 그러니까 정삼각형이라고 할 수 있어요."

"삼각형은 변의 길이에 따라 정삼각형, 이등변삼각형과 그 외의 삼각형으로 나눌 수 있어. 또, 각의 크기에 따라서 예각삼각형, 직각삼각형, 둔각삼각형으로도 나뉜다고 배웠어."

현기가 덧붙여 말했어요.

"그럼 이 삼각형은 90도보다 작은 각들로만 이루어져 있으니 예각삼각형도 되는 거네?"

"이등변삼각형도 될 것 같아. 왜냐하면 모든 정삼각형은 두 변의 길이가 같으니까!"

현기가 가우디의 답에 보충하여 말했어요.

"딩동댕! 삼각형은 일단 정답이야. 예각삼각형이면서 정삼각형, 이등변삼각형이라고도 할 수 있어. 그럼 또 어떤 도형이 있을까?"

"아, 두 삼각형을 위아래로 붙이면 평행사변형이 돼!"

가우디에 이어 현기도 말했어요.

"그리고 네 변의 길이가 같은 마름모이기도 해. 그러니까 사각형은 평행사변형 또는 마름모예요."

"물론 삼각형을 두 개 붙인 사각형에 한해서는 정답이지. 하지만 다른 사각형도 있단다."

"찾았다! 삼각형을 세 개 붙이면 바로 사다리꼴이에요."

가우디는 평면도형 문제에 점점 자신이 생겼어요.

	삼각형	변 : 정삼각형, 이등변삼각형 각 : 예각삼각형, 직각삼각형, 둔각삼각형
	사각형	사다리꼴, 평행사변형, 마름모, 직사각형, 정사각형

"마지막으로 도형 하나가 남았어."

카우보이 형의 말에 현기와 가우디는 건물을 보며 골똘히 생각에 잠겼어요.

'어떤 도형이 숨어 있는 거

다각형

다각형은 변의 개수에 따라 이름이 정해져요. 변이 여섯 개인 다각형은 육각형이지요. 특히, 변의 길이가 같고 각의 크기가 모두 같은 다각형을 정다각형이라고 해요.

지?"

이번에는 현기도 바로 떠오르지 않았어요.

"삼각형을 네 개, 다섯 개 붙여도 다른 도형은 없는 것 같아……."

현기가 답답해하며 말했어요.

"그럼, 여섯 개를 붙이면…… 육각형이 돼!"

가우디가 소리쳤어요.

"역시 건축 나라 왕자님이군. 수학마저 잘할 줄이야! 여기 남색 보석을 줄게."

카우보이 형이 가우디의 팔찌에 보석을 넣는 시늉을 하더니 갑자기 팔찌를 빼앗았어요. 그러고는 팔찌 버튼을 누르고 사라져 버렸지요. 현기와 가우디는 눈 깜짝할 사이에 일어난 일에 당황한 나머지 아무 말도 못하고 허스트 타워 앞에 멍하니 서 있었어요.

"무, 무슨 일이 일어난 거지?"

사실 박물관에서 만난 카우보이 옷의 청년은 건축 나라에서 변장을 잘하기로 유명한 도둑이었어요. 왕자가 지구에서 무지개 돌멩이를 얻기 위해 여행하고 있다는 것을 듣고 지금까지 모아 놓은 보석을 가로채려고 기다리고 있었던 거예요. 그러나 카우보이 도둑도 알지 못한 것이 있었어요. 바로 왕이 마법 거울로 모든 상황을 지켜보고 있다는 것이었지요. 다행히 이를 지켜보고 있던 왕은 붉은 드레스의 여인과 신사복 아저씨에게 도둑을 잡도록 명령했어요. 건축 박물관으로 돌아갔던 도둑은 얼마 가지 못해 그 자리에서 잡혔답니다. 여인과 아저씨가 남색 보석까지 박힌 팔찌를 가지고 허스트 타워로 왔어요.

"왕자님, 많이 놀라셨습니까? 카우보이 청년은 건축 나라로 돌려보냈습니다. 그는 보석을 노린 도둑이었답니다. 감쪽같이 변장을 하고 있더군요."

"정말 다행이에요. 그럼 진짜 카우보이는 어디에 있어요?"

"허스트 타워 안에서 건축물 아래쪽을 조사하고 있다고 합니다."

"네? 이럴 수가!"

진짜 카우보이 형과 육각형 만들기

팔찌를 돌려받은 가우디는 현기와 함께 진짜 카우보이 형을 만나기 위해 허스트 타워로 들어갔어요.

"가우디, 아까 내가 이 건물 아래쪽이 신기하다고 했던 것 기억나?"

"그래, 좀 전에 물어봤었잖아?"

"그때 그 카우보이 형, 아니 도둑이 대답을 안 하는 것이 이상했는데……."

"나도 뭔가 계속 문제를 풀게 하려고 재촉한다는 생각이 들기는 했어."

둘은 방금 일어난 일이 믿기지 않는다는 듯 이야기하며 허스트 타워 안으로 들어갔어요. 그때 누군가 에스컬레이터에서 내리며 가우디에게 말을 걸었어요.

"너는 얼마 전에 왔던 가우디 왕자님, 맞지? 이제 마지막 문제를 풀 준비가 됐나 보구나."

도둑과 똑같이 생긴 카우보이 옷을 입은 형이 가우디에게 물었어요.

"저희는 방금 여기에 왔는데요?"

얼마 전에 왔다고 하는 것을 이상하게 생각한 현기가 말했어요.

"너는 처음 보는 얼굴인데……? 가우디 왕자님은 내가 기억하고 있지. 그때 남색 보석은 얻었지만 보라색 보석을 위한 문제는 곧 풀어서 다시 온다고 했잖아."

가우디는 그제서야 어떻게 된 일인지 깨달았어요. 어제부터 가우디를 지켜보던 도둑이 가우디로 변장해서 진짜 카우보이 형을 만나 먼저 문제를 푼 것이었어요. 그리고 남색 보석을 얻었지만 마지막 문제를 해결하지는 못한 것이었죠. 그래서 가우디가 모아 둔 보석을 훔치기 위해서 카우보이 형이 연구를 하는 사이에 카우보이로 변장했던 것이었어요.

가우디는 카우보이 형에게 자초지종을 설명했어요.

"이런 말도 안 되는 일이……."

카우보이 형도 도둑 이야기를 듣고 깜짝 놀랐어요.

"이젠 모든 게 잘 해결됐대요. 형, 이제 마지막 문제를 내 주세요."

가우디가 이제 제법 늠름해진 모습으로 말했어요.

"그래, 나도 아직 놀란 마음이 진정되지는 않았다만…… 어쨌든 문제를 내도록 할게. 아까 이 건물 외벽에서 정삼각형, 평행사변형, 사다리꼴을 찾았지? 마지막 문제는 이 세 도형을 여러 번 사용해서 정육각형을 만드는 다양한 방법을 찾는 것이란다. 다행히도 도둑은 세 가지 방법밖에 찾지 못했어."

"음……, 일단 정삼각형을 여섯 개 이어 붙이면 정육각형을 만들 수 있어요."

"맞아. 가장 쉬운 방법이지. 여기 모양 조각을 줄게. 이걸 이용하면 조금 더 쉽게 풀 수 있을 거야."

모양 조각

모양 조각은 정삼각형, 정사각형, 정육각형, 마름모, 사다리꼴, 평행사변형 이렇게 여섯 가지 종류로 구성돼 있어요.
모양 조각을 쓰면 평면도형에 대해 탐구하는 것은 물론 다양한 조각을 맞추는 놀이도 할 수 있어요.

모양 조각들을 건네받은 가우디와 현기는 이리저리 조각을 맞춰 보기 시작했어요.

"사다리꼴을 두 개 붙이면 정육각형을 만들 수 있어."

"나는 평행사변형을 세 개 붙여서 만들었어."

두 친구는 삼각형, 평행사변형, 사다리꼴 도형을 여러 개 이어 붙여 다음과 같이 세 가지 방법으로 정육각형을 만들었어요.

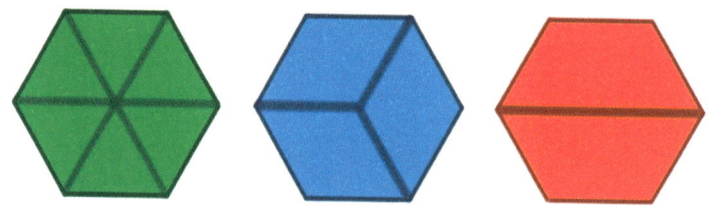

"여기까지가 그 도둑이 찾아낸 방법인가 봐."

"또 어떤 방법이 있을까?"

둘은 평행사변형 대신에 삼각형 두 개를 넣어 보기도 하고, 사다리꼴 대신에 삼각형 세 개를 올려 보기도 했어요.

"나는 평행사변형 두 개와 정삼각형 두 개 그리고 평행사변형 한 개와 정삼각형 네 개를 써서 정육각형을 만들었어."

"난 사다리꼴 한 개와 정삼각형 세 개로 만들었어. 또 다른 방법이 없을까?"

현기가 골똘히 생각하며 말했어요. 잠시 후, 가우디가 "유레카!"라고 하며 소리를 질렀어요.

"네가 만든 모양에서 정삼각형 두 개를 평행사변형으로 바꾸면… 짜잔! 삼각형, 평행사변형, 사다리꼴을 한 개씩만 써도 이렇게 정육각형을 만들 수 있어!"

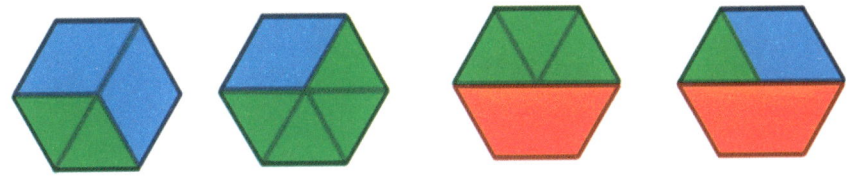

"정답은 모두 일곱 가지 방법이에요!"

"맞아, 두 사람 모두 축하해. 이렇게 각 도형의 모양을 잘 파악하면 다양한 방법으로 정육각형을 만들 수 있단다. 여기 마지막 보라색 보석을 받으렴."

카우보이 형이 진심으로 축하하며 가우디에게 마지막 보석을 줬어요. 둘은 뛸 듯이 기뻐하며 팔찌의 가운데 버튼을 눌렀어요. 그러자 둘은 다시 박물관으로 돌아왔지요.

무지개 돌멩이와 새로운 건축물 여행

가우디는 마지막 보석인 보라색 보석을 팔찌 구멍 속에 넣었어요. 보라색 보석이 들어가는 순간, 일곱 가지 무지개 빛이 나오면서 무지개 돌멩이가 팔찌 위에 나타났어요.

"와, 아름답다! 이게 바로 그 무지개 돌멩이구나."

무지개 돌멩이는 계속해서 빛나고 있었어요.

"그런데 이 돌멩이는 어떻게 쓸 수 있는 거야?"

"글쎄, 나도 잘은 모르겠어. 하지만 확실히 하나 깨달은 것이 있어. 이 돌멩이를 구하는 과정에서 배운 수학 내용들이 정말 소중하다는 거야."

가우디는 여행을 통해 건축물에서 수학이 얼마나 중요한지 알게 됐어요. 그때 팔찌에서 왕이 홀로그램으로 나타났어요.

"가우디, 축하한다. 믿고 있었지만 그 이상으로 잘해 주었구나. 현기 군, 우리 가우디를 도와줘서 정말 고맙네."

"별말씀을요. 저도 가우디와 여행하면서 수학이 세상의 여러 건축물에 쓰이고 있다는 것을 배웠어요."

"아들아, 이제 그만 집으로 돌아오렴. 무척 보고 싶구나!"

"아버지, 저는 아직 지구를 더 돌아보고 싶어요. 아직 고대의 건축물은 보지 못했거든요. 과연 과거의 지구 사람들은 어떤 수학 원리를 바탕으로 건축물을 만들었는지 너무 궁금해요."

"그래, 수학이 탄탄하게 담겨야 아름답고 튼튼한 건축물이 될 수 있단다. 네 뜻이 정 그렇다면 좀 더 여행하고 오너라."

"감사해요, 아버지. 소중한 것을 깨닫게 해 주셔서요."

왕은 가우디의 어른스러운 말에 감격하며 사라졌어요.

"가우디, 나도 너와 계속 여행하고 싶지만 이제 집으로 돌아가야 해."

"그래? 아쉽다……. 다시 한 번 정말 고마웠어!"

가우디는 현기에게 진심을 담아 고마움을 전한 다음, 팔찌의 버튼을 눌러 사라졌어요.

다음 날 아침, 잠에서 깬 현기는 주말 동안 일어났던 일들이 마치 꿈처럼 느껴졌어요. 그런데 주머니에 손을 넣으니 뭔가가 만져졌어요.

'어……, 이건 무지개 돌멩이잖아?'

현기는 무지개 돌멩이를 바라보며 가우디와의 여행이 꿈이 아니었음을 확인했어요. 가우디는 지금 어디에서 여행을 하고 있을지 궁금해졌지요. 자신도 함께하는 그날을 꿈꾸면서요.

1. 다음 그림은 허스트 타워의 외벽에서 찾은 도형입니다. 관계있는 것끼리 연결해 보세요.

사다리꼴 •   •

육각형 •   •

평행사변형 •   •

정삼각형 •   •

정답 : 사다리꼴 , 육각형 , 평행사변형 , 정삼각형

수학 읽기

불국사 속에 숨어 있는 정삼각형

경주에 있는 불국사는 통일 신라 시대에 세워진 건축물이에요. 석굴암과 더불어 가장 유명한 불교 유적으로 유네스코 세계 문화유산으로 등재되었지요. 불국사에서 가장 중심이 되는 건물은 대웅전으로 이곳 마당에는 석가탑과 다보탑이 우뚝 서 있답니다.

불국사에는 많은 삼각형이 숨어 있는데, 가장 먼저 만나는 삼각형은 대웅전과 석가탑, 다보탑의 위치예요. 본존불이 자리 잡은 대웅전의 중심을 하나의 꼭짓점으로 잡고, 석가탑과 다보탑의 중심을 각각 꼭짓점으로 하여 삼각형을 그리면 정확하게 정삼각형이 그려지거든요. 그건 대웅전에서 석가탑까지의 거리와 대웅전에서 다보탑까지의 거리가 같고, 또 두 탑의 거리도 그와 같다는

❶
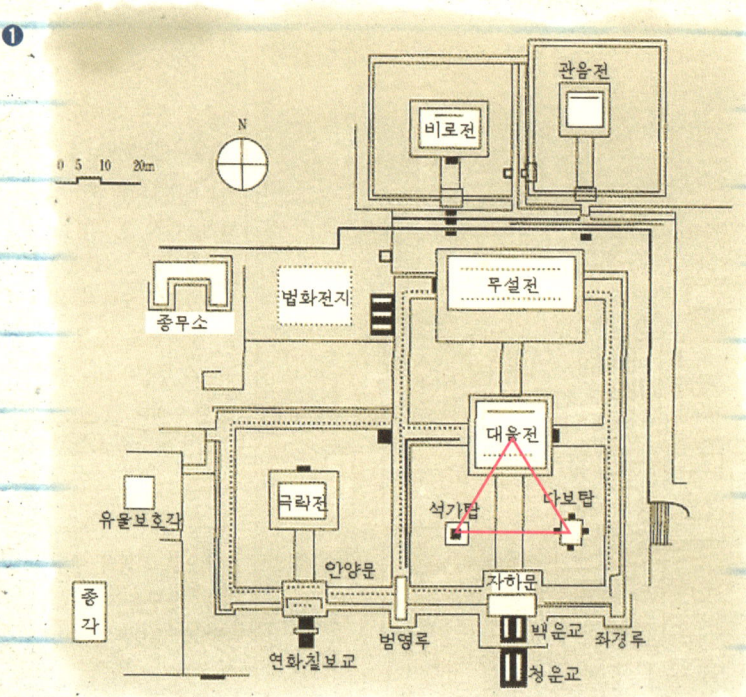

뜻이에요. 그리고 이 정삼각형의 각 꼭짓점에서 마주 보는 변의 중점을 향해 그어진 세 선은 한 점에서 만나게 된답니다. 바로 그 곳에 '진리가 세상을 비춘다'는 뜻을 가진 석등이 놓여 있지요.

삼각형은 사람에게 가장 안정감을 주는 구도라고 하지요. 조상들은 그것을 알고 대웅전 마당에 삼각형 구도의 두 탑을 세워 안정감을 주는 공간을 만든 거예요.

다보탑과 석가탑 속에서도 삼각형을 만날 수 있어요. 다보탑의 아랫부분을 살펴보면 그곳에 정삼각형이 있거든요. 옥개석의 양 끝에서 수직으로 선을 그어 지대석과 만나는 곳에 각각 꼭짓점을 찍어요. 그리고 1층 몸돌 기둥의 위쪽 한가운데에 점을 찍은 뒤, 세 점을 이으면 세 변의 길이가 모두 4.4m인 정삼각형이 나온답니다. 석가탑도 지대석의 양 끝에서 1층 몸돌의 위쪽 끝부분의 한 가운데를 이으면 정삼각형이 그려져요. 이러한 삼각형은 탑 위로 올라가며 여러 개가 나타나지요. 이렇게 정삼각형이 많이 숨어 있는 탓일까요? 석가탑과 다보탑은 완벽한 안정감을 보여 주는 탑으로 세계적인 평가를 받고 있답니다.

❶ 불국사 도면
❷ 대웅전
❸ 다보탑
❹ 석가탑